Leonie-Rachel Soyel
Sinah Edhofer

COUCHGEFLÜSTER

Leonie-Rachel Soyel Sinah Edhofer

COUCHGEFLÜSTER

**Ein ehrliches Buch
übers Erwachsenwerden**

Für meine Schwester Emilia
(Sinah)

Für meine 3Gs: Gabriele, Gürsel und Gerlinde, danke <3
(Leonie)

VORWORT

Als Leonie mich 2019 auf einem Presseevent ansprach und mich fragte, ob wir einen Podcast starten wollen, war ich zunächst skeptisch. Worüber wollten wir reden? Mittlerweile haben uns über 250.000 Menschen dabei zugehört, wie wir wöchentlich über Beziehungsprobleme jeglicher Dimension philosophierten, unsere Ängste auf den Tisch packten, unsere intimsten sexuellen Bedürfnisse voreinander ausbreiteten und gegenseitig unseren Horizont erweiterten. Ich war mir sicher: Nach spätestens einem Jahr muss doch alles gesagt sein, was es zu sagen gibt! Doch das Gegenteil ist der Fall.

Je mehr wir über Sex, Dating und Beziehungen sprachen, desto klarer wurde uns, woher unsere individuellen Vorstellungen kamen, wie gesellschaftliche Konventionen unsere Art zu lieben und zu leben prägten, was unsere Einstellung beeinflusst hatte – kurzum, warum wir eben so sind, wie wir sind. In den letzten drei Jahren sind wir gemeinsam erwachsen geworden. Wir haben Entwicklungsschritte miteinander durchgemacht und die der jeweils anderen miterleben dürfen, die weit über die Themengebiete Sex und Beziehung hinausgehen. Wir haben gelernt, dass das Leben als junge Frau manchmal ganz schön frustrierend sein kann und dass gerade andere Frauen viel Halt und Rat in Situationen geben können, die verunsichernd sind und aussichtslos scheinen.

Aus genau diesem Grund füllen wir auch heute noch unseren Podcast jeden Sonntag mit Themen, die uns berühren und beschäftigen und unsere Themenliste wird nicht, wie ursprünglich gedacht, kürzer. So viele junge Menschen im deutschsprachigen Raum senden uns regelmäßig ihre Lebens-, Liebes- und Leidensgeschichten zu und fragen uns um Rat. Ein kleiner Spoiler an dieser Stelle: Auch wir wissen nicht alles. Ganz im Gegenteil! Doch es gibt ein paar Dinge, die wir zwar gerne mit Anfang 20 gewusst hätten, aber erst jetzt wirklich verstanden haben. Und eben diese Dinge haben wir hier zusammengetragen. Für den Fall, dass deine beste Freundin irgendwann mal ein Auslandssemester in einer anderen Zeitzone macht, deine Mama kein Verständnis für dich hat oder du einfach gern den Rat einer großen Schwester hättest – dieses Buch ist für alle Twenty-Somethings da draußen, die genauso planlos sind, wie wir es einmal waren.

Wir wünschen dir viele erheiternde und unterhaltsame Momente beim Lesen. Fühl dich umarmt, verstanden und sei dir immer bewusst, dass du mit deinen Sorgen, Ängsten und Erfahrungen niemals allein bist.

Deine Mädels von Couchgeflüster,

Sinah & *Leonie-Rachel*

Leonie: „Hey Sinah, wie wissen unsere Leser*innen eigentlich, wer gerade am Wort ist?"

Sinah: „Tja, anders als bei unserem Podcast, wo man uns nicht sieht, sondern uns nur hört, wird neben dem Kapitel bzw. der Anmerkung eine Illustration sein, damit unsere Leser*innen wissen, wer gerade am Wort ist."

Damit du dich auskennst:

Leonie   **Sinah**

ANMERKUNG: In diesem Buch schreiben wir häufig aus unserer persönlichen Perspektive als Weiße, heterosexuelle Cis-Frauen und beschreiben unsere individuellen Erfahrungen in Bezug auf Liebe, Dating, Sex und Erwachsenwerden. Da uns Inklusivität wichtig ist, möchten wir dich vorab darauf hinweisen, dass unsere Gedanken und Tipps auch aus der Perspektive anderer Geschlechtsidentitäten sowie in Bezug auf diese gelesen und interpretiert werden können.

DAS ERSTE MAL

▪▪▪

DAS ERSTE MAL verliebt sein, der erste richtig fiese Liebeskummer, die erste eigene Wohnung… Wie gut können wir uns noch an unsere ersten Male erinnern. Es waren schöne Momente, schreckliche Momente, traurige Momente und Momente, die wir am liebsten vergessen würden. Aber all diese Erfahrungen haben uns eben zu dem gemacht, was und wer wir heute sind. Erwachsenwerden ist kein Kinderspiel und wir alle haben Unsinn gemacht (und machen ihn noch heute). Ganz egal, ob du 13, 23 oder 33 bist: Das Leben hält laufend erste Male und Überraschungen für dich bereit.

...RICHTIG SCHWER VERLIEBT SEIN

Ich weiß noch genau, dass ich mir mit 14 gedacht habe: „Warum zur Hölle macht jeder so einen Wirbel ums Verliebtsein?" Damals interessierte ich mich nicht wirklich für Jungs und das ganze Drama rundherum. Musik, Magazine und Bücher, das war es, was mich interessierte. Und ich war lange Zeit der Meinung, dass das für immer so bleiben würde.

Tja. *Little did I know,* würde ich mal sagen. Und vor allem: Wer hätte gedacht, dass Leonie und ich aus den Themen Liebe, Sex und Dating eine Karriere in Form eines der größten österreichischen Podcasts aufbauen würden? Hätte man mir damals gesagt, dass ich jemals so offen über Gefühle sprechen würde, ich hätte es nicht geglaubt. Genauso wenig, wie ich einmal geglaubt habe, mich jemals verlieben zu können.

Man weiß wohl erst, dass man verliebt ist, wenn man mittendrin steckt. Dieses Kribbeln. Diese Vorfreude. Dieses Gefühl, dass endlich alles Sinn ergibt: Wer verliebt ist, lebt in einem emotionalen Ausnahmezustand. Das Objekt der Begierde wirkt vollkommen, makellos und über jeden Fehler erhaben. Sätze wie „Ich habe mein Leben lang auf dich gewartet", „Du bist perfekt", „Mit dir fühlt sich alles endlich richtig an" oder „Wir sind so viel besser als alle anderen Paare" lassen dich erkennen, dass du dich in dieser berauschenden Phase befindest, die dir im wahrsten Sinne des Wortes die Sinne vernebelt: Herzlichen Glückwunsch!

Es ist beinahe unglaublich, zu welchen Höhenflügen du in der Lage bist, wenn du dich gerade verliebt hast. Vor allem die erste große Liebe lässt dich alles andere rundherum vergessen. Es scheint, als hättest du dich über Nacht von sämtlichen profanen Bedürfnissen gelöst. Plötzlich brauchst du keinen Schlaf mehr. Es fällt dir schwer, konzentriert zu arbeiten. Du verspürst kaum Hunger. Freundinnen und Freunde sind genervt davon, dass du es tatsächlich irgendwie schaffst, den oder die Angebetete*n in *jedem* Satz zu erwähnen. Das Einzige, was zählt, ist: dieser einen Person nahe zu sein, mit ihr zu verschmelzen. Jeder Gedanke dreht sich um diesen Menschen und du hast das Gefühl, dass du ohne diesen Menschen nicht mehr leben kannst.

Obwohl ich persönlich mir prinzipiell schwer damit tue, Menschen in mein Leben zu lassen und zu Beginn einer Beziehung schon öfter den Satz gehört habe, dass ich erst auftauen müsse, drehte ich jedes Mal regelrecht durch, wenn ich dann doch Feuer gefangen hatte. Ich redete mir ein, jene perfekte Freundin sein zu müssen, von der ich glaubte, dass Männer sie wollen. Eine, die ständig sexy Dessous trägt, unkompliziert ist, über jeden unlustigen Scherz kichert, nicht zu fordernd ist und seine Freunde allesamt super findet (selbst dann, wenn von ihnen nur sexistische Kommentare kamen). Vielleicht war ich deshalb so lange Single, weil mir insgeheim klar war, dass ich dieses Klischee auf die Dauer ohnehin nicht erfüllen kann und will. Ich wollte einfach meine Ruhe vor dieser klassischen Rollenverteilung in Beziehungen und vor den Erwartungen der Gesellschaft, aber diese starken Gefühle zwangen mich dazu, ständig gefallen zu wollen.

Zum Glück kam irgendwann der Punkt, an dem ich genug hatte und mir vornahm: „Ab jetzt bin ich einfach ich. Ohne Rücksicht auf Verluste." Das war

PLÖTZLICH BRAUCHST DU KEINEN SCHLAF MEHR. ES FÄLLT DIR SCHWER, KONZENTRIERT ZU ARBEITEN. DU VERSPÜRST KAUM HUNGER. FREUNDINNEN UND FREUNDE SIND GENERVT DAVON, DASS DU ES TATSÄCHLICH IRGENDWIE SCHAFFST, DEN ODER DIE ANGEBETETE*N IN JEDEM SATZ ZU ERWÄHNEN.

auch der Zeitpunkt, an dem ich verstand, dass man sein wahres Ich in einer Beziehung nicht verstecken darf und dass die krasse erste Verliebtheit ein vorübergehender Zustand ist. Verliebtsein ähnelt einem Drogentrip, und genau das ist sie neurologisch betrachtet auch. Im Gehirn von Menschen, die kürzlich zurückgewiesen wurden, aber immer noch verliebt sind, laufen nämlich ähnliche Prozesse ab wie im Hirn von Drogenkonsument*innen, fand die amerikanische Anthropologin Helen Fisher in der viel beachteten Studie „Reward, addiction, and emotion regulation systems associated with rejection in love"[1] heraus. Gerade die anfängliche Verliebtheit führt zu extremer Euphorie. Ein Phänomen, das die Forscher*innen in sämtlichen Kulturen beobachteten. Diese erste Phase der Verliebtheit hat zudem einen enormen Einfluss auf unser Sozialverhalten[2].

Je mehr Leonie und ich uns mit unseren Zuhörer*innen austauschen, desto klarer wird es uns: Die erste Verliebtheit hält durchschnittlich drei Monate bis zwei Jahre an. Und dann…? Dann trennen sich viele Paare und begründen das mit Aussagen wie „Es hat einfach nicht mehr gepasst", „Die Gefühle waren plötzlich weg", „Ich habe mich entliebt". Aber was ist wirklich passiert?

Fakt ist: Jeder Rausch hat irgendwann ein Ende, und das ist auch gut so. Unzählige Menschen kaufen sich Selbsthilfebücher, hören Podcasts, schauen Vorträge von Therapeut*innen oder Psycholog*innen und suchen eine Antwort auf die Frage: „Was ist mit unserer Liebe passiert?" Dabei wäre die treffendere Frage, die man sich stellen sollte: „Was ist mit unserer Verliebtheit passiert?", denn diese abflauende Welle von extremen Gefühlen lässt sich prinzipiell recht nüchtern und sachlich erklären und hat nichts, wirklich gar nichts mit einem Mangel an Gefühlen zu tun.

Evolutionär gesehen ist die Phase der Verliebtheit zwar wichtig, denn sie dient als emotionaler Kitt und soll die Fortpflanzung sichern. Den ersten Fehler, den man in einer neuen Beziehung daher machen kann, ist, zu glauben, dass dieses überwältigende Gefühl für immer anhalten wird. Der zweite Fehler ist, zu glauben, dass Verliebtheit, beziehungsweise die Abwesenheit von Verliebtheit, etwas über die Qualität der Beziehung aussagt. Der deutsche Paartherapeut Holger Kuntze rät Paaren in seinem Buch „Lieben heißt wollen" dazu, zu lernen, Liebe von Verliebtheit zu unterscheiden. Wenn aus Verliebtheit allmählich Alltag und Normalität wird, bedeutet das Ende der Verliebtheit oftmals auch das Ende der Beziehung. Vielleicht hast du selbst auch schon mal von Paaren gehört, die beklagen, sich in ihrer Beziehung nicht mehr lebendig zu fühlen. Viele suchen die Lebendigkeit dann in Affären und neuen Beziehungen. „Es gibt auch andere Möglichkeiten, sich lebendig zu fühlen", entgegnet Holger Kuntze in einem Interview mit mir[3]. Dieser Satz hat mir damals die Augen geöffnet und mir gezeigt, dass unsere romantisierte Auffassung von Liebe mit dem tatsächlichen

Lieben wenig bis nichts zu tun hat und dass wir Liebe ständig mit Verliebtheit verwechseln.

Es gibt Menschen, die für diese ständigen emotionalen Höhenflüge leben und immer auf der Suche nach dem nächsten Kick sind. Beziehungen werden gewechselt, das Schema bleibt aber meistens dasselbe. Wieder ein*e neue*r Partner*in. Wieder ein neuer Versuch. Wieder ist alles super, bis dann doch wieder alles den Bach runtergeht. Verliebtheit lässt uns idealisieren, projizieren und ignorieren. Das Gefühl der Verliebtheit gilt als Voraussetzung für eine Beziehung, sein Schwinden als Todesstoß. Nicht selten trennen sich Paare eben genau dann und suchen ihr Liebesglück in anderen Menschen. Suchen manche Menschen vielleicht nach etwas, das es so gar nicht geben kann: die ewig andauernde, ekstatische Verliebtheit?

Gerade wenn man das Gefühl der Verliebtheit zum ersten Mal erlebt, lässt man sich bereitwillig und unreflektiert auf diese emotionale Achterbahnfahrt ein, ohne auch nur ansatzweise Distanz zu den eigenen Gefühlen bewahren zu können. Der emotionale Cocktail, der mit der ersten Verliebtheit einhergeht – Eifersucht, Drama, Spielchen – ist hochexplosiv und nüchtern betrachtet unglaublich anstrengend für alle Beteiligten. Gerade die erste große Liebe bleibt uns vermutlich deshalb so deutlich und überwältigend in Erinnerung, weil wir davor noch nie auch nur annähernd solch intensive Gefühle für einen anderen Menschen empfunden haben. Ich weiß, wovon ich spreche: Meine erste große Liebe war einerseits wunderschön, aber auch Drama pur, weil ich absolut keine Ahnung hatte, wie ich mit diesen Gefühlen umgehen sollte. Ich war unglaublich anhänglich, hatte plötzlich kein Selbstvertrauen mehr und opferte alles, was mir Spaß und mich selbst ausmachte. Nur, um ständig Zeit mit dieser Person zu verbringen! Es war der reinste Wahnsinn.

Viele Menschen erleben diese erste Verliebtheitsphase in jeder Beziehung aufs Neue als anstrengend und sind froh, wenn sie endlich wieder klar denken können und wieder ein bisschen unabhängiger werden. Das sind genau die Menschen, die uns auf den ersten Blick extrem abgebrüht und beinahe unromantisch erscheinen. Dabei scheinen Menschen, die sich von eben jenem Verliebtheitsgefühl nicht allzu abhängig machen, verstanden zu haben, dass sich die anfängliche Aufregung irgendwann legt, und dass das (Nicht-) Vorhandensein der Schmetterlinge nicht zwangsläufig repräsentativ für die Beziehungsqualität steht. Tatsache ist nämlich: Wenn die Verliebtheit abflaut, wird es erst richtig

VERLIEBTHEIT LÄSST UNS IDEALISIEREN, PROJIZIEREN UND IGNORIEREN. DAS GEFÜHL DER VERLIEBTHEIT GILT ALS VORAUS-SETZUNG FÜR EINE BEZIEHUNG, SEIN SCHWINDEN ALS TODESSTOSS.

interessant. Jetzt zeigt sich, wie die unterschiedlichen Persönlichkeiten, Wertvorstellungen und Lebensmodelle tatsächlich harmonieren. Jetzt wird klar, ob man es schafft, vom Liebespaar, das die Finger nicht voneinander lassen kann, zu Teamplayer*innen im Alltag zu werden.

Jetzt zeigt sich, ob sich auf der gegenseitig empfundenen Liebe auch ein gemeinsames Leben aufbauen lässt.

Es gibt viele große Liebesgeschichten, aber ein Leben zusammen aufzubauen ist eine ganz andere Sache. Verliebtheit und Liebe sind zwei völlig unterschiedliche Dinge: Verliebtheit ist Action, Dopamin- und Adrenalinschübe, ekstatischer Sex und geballtes Gefühlschaos. Der Übergang zur Liebe gleicht eher einer Fahrt auf ruhigem Gewässer. Liebe heißt, ein Stück weit berechenbar zu werden, Beständigkeit, Ruhe und auch ein bisschen Langeweile zuzulassen. Während Verliebtheit Hollywood-Drama, Unsicherheit, ständiges Warten und Extreme bedeutet, ist Liebe das, was nach dem Abspann kommt. Verliebtheit ist Aufregung. Liebe ist zuhause ankommen.

Wie schön eine Beziehung werden kann, wenn sich die anfängliche Aufregung und Unsicherheit erstmal gelegt hat, durfte ich in den letzten Jahren erleben. Anfangs machte mich das Gefühl der Beständigkeit richtig unruhig und nervös. Aber allmählich habe ich verstanden, dass eben dieses Drama, die ständige Angst davor, den anderen zu verlieren und die Eifersucht lediglich der Anfang sind. Man könnte auch sagen: das Vorspiel. Die wirklich schönen, großartigen Seiten einer Beziehung offenbaren sich einem erst dann, wenn man aufhört, ständig Drama zu machen und die Beziehung zu sabotieren und stattdessen Intimität und Echtheit zulässt.

Bei echter Intimität stehen Gespräche über Darmprobleme, Familienplanung und Finanzielles gewissermaßen auf der Tagesordnung. Nicht immer sexy, aber das pure, echte Leben. Verliebtheit benötigt Illusionen, Distanz und Fremdheit. Dieses Gefühl von Aufregung, das wir verspüren, wenn wir verknallt sind, ist eigentlich Angst, erklärte mir Kuntze. Zwar könnte man durch diverse Aktivitäten, in denen man sich als Paar immer wieder in neue, fremde Situationen begibt, diese Aufregung zurück in die Beziehung holen. Wenn man allerdings sämtliche Swinger Clubs, Extremsportarten und Fernreisen als Paar durch hat, landet man zwangsläufig immer wieder an demselben Punkt: Jenem Punkt, an dem uns unsere Zuhörer*innen schreiben, dass sie nicht wissen, wie sie sich so schnell „entlieben" konnten.

Sich selbst davon zu überzeugen, dass Verliebtheit zwar schön ist, aber nicht unbedingt notwendig für eine funktionierende Beziehung, ist durchaus eine wichtige Übung. Gerade wenn man genug von der ewigen Tinderei hat und endlich ankommen will. Wenn nach einiger Zeit Beziehung also die Bindungshormone Serotonin und Oxytocin überhandnehmen und es gemütlich wird, dann sollte man den Fehler nicht sofort in der Beziehung suchen. Es ist völlig normal, dass irgendwann ein bisschen Langeweile einkehrt, obwohl viele Paare glauben: „Jetzt stimmt irgendwas nicht!"

BEFREIT EUCH VON DIESEM VERDAMMTEN DRUCK, STÄNDIG DIE PERFEKTE, ROMANTISCHE, INSTAGRAMTAUGLICHE BEZIEHUNG HABEN ODER SUCHEN ZU MÜSSEN. ES. GIBT. SIE. NICHT.

Außerdem ist und war die romantische Liebe nie unbedingt das Non plus ultra und schon gar kein Garant dafür, dass eine Beziehung auch wirklich hält. Heutzutage werden wir von den Vorstellungen, was romantische Liebe ist und sein soll, geradezu überschwemmt. Noch dazu wird in Filmen, Serien und Songs häufig ein äußerst einseitiges Bild von Beziehungen vermittelt. Es ist ein Irrtum, zu glauben, Liebe und Verliebtheit wären Dasselbe – und vor allem, dass diese Gefühle ein Leben lang anhalten müssten.

Wir empfehlen euch: Befreit euch von diesem verdammten Druck, ständig die perfekte, romantische, instagramtaugliche Beziehung haben oder suchen zu müssen. Es. Gibt. Sie. Nicht. Euer Leben wird viel einfacher, wenn ihr Verliebtheit als den Anfang jener Reise betrachtet, auf die ihr euch gemeinsam mit eurem Partner oder Partnerin begeben werdet. Lasst die Ideen (und vor allem jene Influencer*innen auf Instagram!) los, die euch ständig vermitteln wollen, dass wahre Liebe nur aus romantischen Momenten im Sonnenblumenfeld und kitschigen Postingtexten besteht. Diese Liebe auf Instagram ist genauso inszeniert wie alles andere. Es ist nur eine Facette jener Liebe, die euch so viel mehr zu bieten hat. Jene Liebe, in der man sich um den anderen kümmert, wenn es ihm schlecht geht, Handschuhe teilt, wenn es draußen kalt ist, Tee und Süßigkeiten anbietet, wenn PMS so richtig fies kickt, schlechte Stimmung erträgt und es auch einfach mal gut sein lässt, wenn der andere gerade keinen guten Rat oder eure Meinung hören will. Diese Reise wird mindestens so aufregend wie zeitweise langweilig und manchmal auch sehr beschwerlich sein. Aber zwischen all diesen Phasen sollte man nie vergessen, dass eine intime Beziehung zu einem anderen Menschen eine unglaublich große Chance ist, sich selbst und die eigenen Fehler zu sehen – und damit ein bisschen weniger allein zu sein.

WHAT LEONIE SAYS

ICH FINDE, dass es im Deutschen viel zu wenige Worte gibt, die die unterschiedlichen Facetten des Verliebtseins beschreiben. Denn ich war sehr oft „verliebt", aber oft war es eben nur ein „Crush", der sich schnell von selbst verflüchtigt hat. Verliebtsein löst in mir daher unweigerlich ein wenig Angst aus. Es erinnert mich immer an die gebrochenen Herzen danach. Wenn die Liebe doch nicht über die Verliebtheitsphase hinausreichte.

Dennoch war ich in meinen Twenties süchtig nach diesem Gefühl – auch wenn ich ahnte, dass es irgendwann ein Ende haben würde. Wenn ich jemanden kennengelernt habe, der mir optisch gefiel und mir auch nach ein paar Dates alles rundherum taugte, war ich schon verliebt. Meine beste Freundin fand es äußerst fragwürdig, dass ich mich so schnell in dieses Gefühl reinstürzte, obwohl oft nichts Gutes dabei rauskam. Aber ich habe das Potenzial in dem anderen Menschen gesehen. Was wir sein könnten.

Als junge Erwachsene waren das nicht immer Bilder á la Happy-Peppy-Hochzeit. Ich wollte eine Rock'n'Roll-Beziehung führen. Bonnie und Clyde. Sid und Nancy. Er und ich. So kam es dann meistens auch, mit fatalem Ende. Und einem gebrochenen Herz.

Um ehrlich zu sein, ich war vielleicht auch ein wenig in den Schmerz danach verliebt. Denn nur in dieser Welt der Extreme hatte ich das Gefühl, wirklich lebendig zu sein.

Jetzt sehne ich mich nach dem Danach. Was nach dem Verliebtsein kommen mag. Der Rausch dieses Gefühls ist atemberaubend, keine Frage. Aber ich habe mein Leben aufregend genug gestaltet, sodass ich mir jetzt in einer Partnerschaft etwas anderes wünsche. Nämlich Ruhe. Ich will sehen, was die nächsten Steps sind und ich denke, dass man als Mensch immer das Bedürfnis hat nach Entwicklung und Wachstum. Deswegen: Genieß die crazy Zeit. Genieß jeden Augenblick. Verlieb dich ruhig. Verlieb dich ruhig heftig. Lass alle Emotionen zu.

Denn ich bin mir sicher, dass irgendwann der Punkt kommt, an dem wir uns alle nach dem Danach sehnen.

COUCHGEFLÜSTER-TIPPS:

★ Verliebtheit ist etwas Wunderschönes, aber sie wird höchstwahrscheinlich nicht für immer in derselben Intensität in deiner Beziehung vorhanden sein. Versuche daher, dich nicht allzu abhängig vom Gefühl der Verliebtheit zu machen.

★ Verliebtheit (oder die Abwesenheit von Verliebtheit) sagt nichts über die Qualität deiner Beziehung aus. Differenziere dieses Gefühl von der Qualität deiner Beziehung zu einem anderen Menschen.

★ Wenn das erste Gefühl der Verliebtheit abflaut und es ein bisschen gemütlicher wird, ist das kein Grund zur Panik, sondern der Beweis dafür, dass ihr euch miteinander wohlfühlt.

★ Du vermisst die Schmetterlinge? Spreche mit deinem/deiner Partner*in darüber – ihm oder ihr geht es vielleicht ähnlich. Tauscht euch über die aufregende Anfangszeit aus: Alleine das gemeinsame Schwelgen in Erinnerungen kann diese Gefühle wieder hervorbringen.

★ Frage dich, warum du das Gefühl der Verliebtheit so sehr brauchst: Ist es die Aufregung, die dir fehlt? Die Abwechslung? Das Unbekannte? Anstatt den Mangel dafür in deiner Beziehung zu suchen, werde selber aktiv. Sei die Veränderung, die du dir in deiner Beziehung wünscht. Oder unternehme Dinge auf eigene Faust – dann hat man auch wieder mehr zu erzählen...

★ Werde dir darüber klar, dass, egal wie sehr du deine*n Partner*in in- und auswendig zu kennen glaubst, du dennoch niemals die Garantie dafür haben wirst, dass dieser Mensch dir für immer treu ergeben sein wird. Anstatt ständig Liebes- und Vertrauensbeweise einzufordern, solltest du an deinem Selbstwertgefühl und -bewusstsein arbeiten. Werde dir klar darüber, was dich ausmacht und welche Eigenschaften andere Menschen an dir schätzen. Nur so kannst du dich von der Vorstellung lösen, dass einzig und allein eine Beziehung dein Leben lebenswert macht. Erst dann kannst du dich von dem Drang, ständig Verliebtheit verspüren zu müssen, lösen.

... WENN DAS HERZ ZERBRICHT

Placebo dröhnt lautstark aus den Musikboxen meines rosa Zimmers. Ich liege heulend auf meinem Himmelbett. Meine Kleidung ist schwarz, mein Eyeliner verschmiert von den Tränen. Ich schreibe eine SMS an meine beste Freundin. Hoffentlich ist ihr Inbox-Speicher nicht voll. Nur 140 Zeichen, um meinen Schmerz in Worte zu fassen. 140 Zeichen, um zu klären, wie ich jemals wieder die Schule betreten kann? Alle wussten davon.

Mein Nokia 3330 läutet. „Du musst einfach so tun, als wäre nix. Wir schaffen das. HDL"

Wie kann ich so tun, als wäre nichts? Meine Welt steht nicht mehr. Und wann zur Hölle hört dieser Schmerz auf?

Ich wechsle die Musik. Höre „I miss you" von Blink 182 und versinke wieder in mein Bett. Soll ich den Song als Hintergrundlied auf Myspace stellen? Dann weiß F. Bescheid, wie sehr er mir wehgetan hat.

Wenn ich zurückdenke an mein erstes Mal Liebeskummer, kommt vieles hoch. Viele Geschichten, alle verbunden mit diesem einen Typen. Ich war über Jahre so verliebt und wollte nur ihn. Klar gab es andere Flirtversuche und den ein oder anderen Schmuser, aber mein Herz gehörte in der Zeit ihm. Bis heute versetzt es mir einen leichten Stich in der Brust, wenn ich an ihn denke. Manche Sachen überwindet man wohl doch nicht so leicht. Rückblickend klingt das, was ich erlebt habe, wie ein schlechter Teenie-Film aus den 2000er Jahren.

Dennoch: Wäre er damals zu mir gekommen und hätte gesagt: „Hey, willst du mit mir gehen?", ich wäre um die Welt mit ihm gegangen. Ich habe sogar extra meinen ersten Kuss mit einem anderen gehabt, damit, wenn er mich küssen würde, ich nicht unbeholfen sein würde. So sehr wollte mein kleines Teenie-Herz diesen Jungen. Nennen wir ihn 677b. Denn das war der Code für ihn zwischen meiner besten Freundin und mir, wenn wir uns kleine Zettelchen in der Schulstunde schrieben.

677b war alles, was mein Emo-Herz begehrte. Er war kreativ, sah sich selbst als Fotograf und war anders als die Mainstream-Boys. Eben richtig cool, weil er älter war. Und natürlich schenkte er mir genau so viel Aufmerksamkeit, dass ich ihn mochte, aber so wenig, dass es ein ständiger Kampf war. Ich erinnere mich an einen ganzen Sommer voller Schmerz, der darin gipfelte, dass ich in Frankreich bei der Klassenreise eine Flasche Rotwein trank und in einen Kaktus rannte. Aber vielleicht sollte ich von vorne beginnen.

Mit 14 Jahren bemerkte ich ihn zum ersten Mal. Ich ging gerade in die Oberstufe und er ging in eine Klasse über mir. Er besuchte die Filmklasse, zu der ich mich deswegen anmeldete, und trug Converse, die ich mir natürlich auch kaufen musste. Ein Grund, wieso ich keine Converse mehr besitze oder trage, ist diese tragische Teenie-Love-Story.

Erst versuchte ich, über eine gemeinsame Freundin Kontakt aufzunehmen, dann begegnete ich ihm zufällig am Schulweg, so dass wir gemeinsam gehen konnten. Ich fing an, meinen Stil zu verändern, trug Röhrenjeans und schwarz-weiß gestreifte Shirts und versuchte, möglichst cool zu sein. Alles nur, damit er mich bemerkt. Ich las Kafka, Kundera und Sartre, damit wir am Schulweg darüber reden konnten. „Die unerträgliche Leichtigkeit des Seins" wurde mein Lieblingsbuch und ich fühlte den darin beschriebenen Schmerz. Ich war hoffnungslos verliebt in 677b.

Irgendwann muss ihm aufgefallen sein, dass ich ihn mochte, und er lud mich zu Filmabenden ein. Wir schmusten und er machte Fotos von mir. Natürlich analog und in schwarz-weiß. Das Ganze war rückblickend sehr unschuldig und süß. Zwei Teenager, die glaubten, sie sind so cool wie ihre Vorbilder aus den 1960er Jahren.

Schließlich war es soweit. Sommerferien, wir trafen uns zunächst im Park, danach gingen wir zu ihm. Das erste Mal. Im Hintergrund lief der Film „Reservoir Dogs". Es war komplett anders als erwartet. Ich weiß noch, dass ich am Heimweg dachte: Und darum machen alle so einen Aufstand?

In den 2000er Jahren war es schwerer in Kontakt zu bleiben, als es jetzt ist. SMS kamen nur dann an, wenn der Inbox-Speicher nicht voll war, man hatte keinen Internet-Empfang am Handy und Ghosting war damals noch kein Begriff. Also machte ich mir nicht viel daraus, als ich nichts von ihm hörte. Die Sommerferien gingen zu Ende. Erster Schultag. Ich war mega aufgeregt! Als ich die Schule betrat, wusste ich, dass etwas nicht stimmte. Die Blicke, die mich verfolgten, verrieten es.

Eine Freundin kam schließlich auf mich zu und sagte es mir: „Alle wissen es... du warst eine Wette. Er ist einen Tag später mit XY zusammengekommen."

Ich weiß nicht mehr, wie ich die Zeit im Klassenzimmer ausgehalten habe, ich wollte nur mehr nach Hause. Mein Herz war gebrochen. Ich hasste die Welt, ich hasste mich und

DER ERSTE GROSSE LIEBESKUMMER IST DER SCHLIMMSTE, HAT MIR MAL JEMAND GESAGT. ICH DENKE, DASS JEDER LIEBESKUMMER SCHLIMM IST. JEDER MENSCH, DER GEHT, ERZEUGT EINE EIGENE ART VON SCHMERZ.

vor allem hasste ich ihn. Wie konnte er mir das antun? Zwei Jahre war ich hinter ihm hergerannt, tat alles, um ihm zu gefallen – und er hatte mich für eine Wette benutzt? Ich war fassungslos.

Der Schmerz hielt lange an. Auch als 677b sich Jahre später vor einem Pub bei mir entschuldigte, konnte ich nicht wirklich loslassen.

Der erste große Liebeskummer ist der schlimmste, hat mir mal jemand gesagt. Ich denke, dass jeder Liebeskummer schlimm ist. Jeder Mensch, der geht, erzeugt eine eigene Art von Schmerz. Manche lassen sich leichter verarbeiten, andere haften einem länger an. Es gibt kein Allheilmittel, das allen gleichermaßen hilft. Das durfte ich lernen. Das Einzige, was man tun kann: das, was wehtut, aufarbeiten.

Eben nicht so tun, als wäre nichts. Als Teenager fiel mir das schwer, denn ich musste und wollte cool vor den anderen wirken. Jetzt weiß ich, dass man Gefühle zulassen muss und darf. Man muss sich bewusstwerden, dass das nun mal gerade so ist, aber auch wieder vorbeigehen wird, auch wenn man es für unmöglich hält. Der Schmerz kommt in Wellen. Die erste Welle ist wie ein Tsunami und man denkt, die eigene Welt steht nicht mehr. Die nächsten Wellen werden schwächer und die Abstände dazwischen länger. Bis sich das Meer wieder geglättet hat und man selbst wieder in Balance ist.

Reden, Tagebuch schreiben und Sport machen sind Tipps, die banal klingen, aber wirklich helfen. Alkohol hingegen macht es schlimmer. Und ja, mir ist vollkommen bewusst, dass diese Tipps jeder kennt. Dennoch trinken wir mit der besten Freundin, wenn es uns mies geht, versenden seltsame Drunk-Messages und fühlen uns am nächsten Tag noch mieser als zuvor. Been there, done that!

Den einzigen Liebeskummer, den ich wirklich gut hinter mich gebracht habe, war jener, bei dem ich in den ersten zwei Monaten nach der Trennung keinen Tropfen Alkohol getrunken und mich auf Yoga und Sport konzentriert habe. Der Liebeskummer tat zwar auch höllisch weh, aber ich habe nicht so viel im Nachhinein bereut.

WHAT SINAH SAYS

ES GIBT keine allgemeingültige Regel dafür, wie lange du leiden darfst oder wirst, wenn dir dein Herz gebrochen wurde. Es ist okay, wenn man sich nach einer Trennung schrecklich fühlt und leidet. Die Frage ist aber: Wie viel Leid willst du aushalten? Wir bekommen täglich unzählige Nachrichten von Menschen, die verlassen wurden und auch viele Monate nach einer Trennung noch immer nicht damit klarkommen, dass der oder die Partner*in sie verlassen hat. Wenn du das Gefühl hast, eine Trennung nicht verarbeiten zu können, dann sei nicht zu stolz, professionelle Hilfe in Anspruch zu nehmen. In einer Therapie bekommst du Werkzeuge an die Hand, die dir dabei helfen werden, Situationen und Lebensabschnitte abzuschließen und den Fokus wieder auf dich zu richten. Es ist keine Schande, um Hilfe zu bitten, ganz im Gegenteil. Es zeugt von Stärke, Hilfe anzunehmen.

COUCHGEFLÜSTER-TIPPS BEI LIEBESKUMMER

1. HEULEN, JAMMERN, SELBSTMITLEID

Wenn das Ganze noch super frisch ist, denk nicht daran, dass morgen schon wieder alles super sein muss. Eines können wir dir versprechen: Du wirst jetzt für einige Zeit das meiste nicht im Griff haben. Aber das ist ok. Es ist wichtig, alles rauszulassen. Weine so viel du kannst, tu dir ruhig selbst leid. Es ist in Ordnung, sich so zu fühlen. Auch dieses Gefühl wird wieder verschwinden.

2. REDEN HILFT!

Ruf die beste Freundin an, sudere *(österr.* für jammern) soviel du kannst. So wie deine Tränen deine Seele reinigen, so musst du dir auch alles von der Seele sprechen. Und ja, diese Zeit kann als beste Freundin oft hart sein, wenn man sich zum hundertsten Mal anhören muss, wie er war und was er getan hat.

Dennoch hilft es. Denn die Freundin hat oft das große Ganze eher im Blick als du selbst. „Ja, der Wanderurlaub mit ihm war ein Traum, aber hat er nicht auch..." – und dafür lieben wir unsere Besties. Sie erinnern einen an die Abers. Sie vergessen nicht.

3. DIE BLACKLIST

Notiere alle negativen Eigenschaften und Taten. Alles, was in der Beziehung passiert ist, was dir gegen den Strich ging. Und wir meinen wirklich ALLES! Und dann lies diese Liste immer und immer wieder, wenn du einen Moment der Schwäche hast und dich melden willst.

4. RÄUM AUF UND MISTE AUS

Vielleicht nicht gerade mit dem Mantra von Marie Kondo: „Bringt es dir Freude?" Denn dann stehst du bald in einer leeren Wohnung. Aktuell bist du wahrscheinlich nicht so gut drauf. Aber miste aus, räume auf und putze. Das Chaos in deiner emotionalen Welt kannst du aktuell noch nicht ordnen, aber du kannst dir deine Umgebung so gestalten, wie du es brauchst. Und wir schwören: Ein Liebeskummer-Wut-Putzen zaubert die sauberste Wohnung der Welt.

5. ES LEBE DER SPORT

Sei es Yoga, Bouldern oder Cardio, mach irgendwas. Du bist verzweifelt, wütend, hilflos und todtraurig und hast null Bock, dich jetzt zu bewegen? Ja, wir kennen alle dieses Gefühl. Aber es hilft. Es muss nicht in den ersten Wochen sein, aber raff dich so bald wie möglich auf.

Trage dir zwei bis drei fixe Termine im Kalender ein, an denen du Sport machst. Am besten an einem anderen Ort als Zuhause, noch besser, wenn du dich mit einer Freundin dazu verpflichtest. Das schützt davor, spontan abzusagen. Du wirst sehen, wie gut dir das tun wird.

6. GÖNN DIR!

Jetzt ist nicht die Zeit, dass du zurücksteckst. Du willst Eis essen? Iss es! Du willst ein neues Kleid, das du vielleicht nach dem Liebeskummer nie mehr tragen wirst, weil es dich daran erinnert? Kaufe es dir dennoch. Du kannst es ja dann einer Freundin schenken oder wieder verkaufen. Tu das, was dir guttut, denk an dich.

Ein super Tipp: Geh zu Massagen! Klingt verrückt. Aber Körperkontakt ist auch etwas, was uns nach einer Trennung fehlt. Denn die Person, die uns verlassen hat, fehlt uns nicht nur auf emotionaler Ebene.

7. KEIN STALKING!

Die Handy-Bildschirm-Zeit steigt ins Unermessliche. Man wartet auf Nachrichten und schaut ständig auf Social Media, ob der Ex was postet. Lass es. Es tut weh. Es tut weh zu sehen, dass der andere Spaß hat. Denn dazu kommt, dass jeder mit Trauer anders umgeht und Männer bekanntlich erstmal feiern und sich ablenken, während Frauen ihre Emotionen rauslassen. Bei Männern kommt diese Phase oft zu einem späteren Zeitpunkt. Und wie immer gilt, kein Mensch ist gleich. Jeder ist anders und auf Social Media zeigen die wenigsten, dass es ihnen beschissen geht. Also schalte ihn auf stumm oder, noch besser, blockiere ihn. Let the man go.

8. NEUE RITUALE

Wenn die erste Phase des Kummers vorbei ist, wirst du merken, dass da eine Lücke ist. Denn ihr habt wahrscheinlich viel Zeit gemeinsam verbracht. Diese leere Zeit wirkt nun bedrohlich und ist schmerzhaft. Deswegen fülle sie mit neuen Ritualen. Melde dich zu einem Kurs an, was auch immer das sein mag. Geh töpfern, erlerne eine neue Sprache oder schnuppere in eine neue Sportart rein. Oder mach das, wofür du früher kaum Zeit hattest. Und wieder hilft: fixe Termine. Routine.

9. SELBSTWERTGEFÜHL STÄRKEN

Geh zum Friseur, aber bitte mach das nicht am Anfang der Trennung, Selbsterfahrungen haben gezeigt, dass dies nur schiefgehen kann! Du brauchst keinen Alles-muss-neu-sein-Look, ein frischer Schnitt tut es auch. Wie auch bei Punkt 6 („Gönn dir!"), mach jetzt einfach alles, was dein Selbstwertgefühl steigert. Außer Dating, das lass sein. Klar, es gibt Menschen, denen das hilft, und gegen kleine Flirts ist nichts einzuwenden, aber wer sich zu früh ins Datingleben schmeißt, will oftmals nur fliehen vor der Auseinandersetzung mit sich selbst und dem Schmerz.

Ach ja, und: Schreib eine Liste, was du an dir magst bzw. was an dir toll ist. Denn das bist du! Du bist toll. Du machst nur eine schwere Zeit durch.

10. AUF UND DAVON: ADIEU!

Herzschmerz erlebt sich in fremden Ländern irgendwie besser. Vor allem ist es Leonies Taktik. Allein durch Vietnam für sechs Wochen oder einfach nach Berlin ziehen? Ein Ortswechsel tut gut. Es muss kein Umzug sein oder eine Reise nach Südostasien. Aber welche Stadt wolltest du immer mal sehen? Mach dir einen Plan, was du dir ansehen willst und ja, das wird nicht die happy-peppy Reise deines Lebens, aber sie lenkt ab. Sie zeigt dir schöne Orte.

Warum du die Reise alleine machen solltest? Wenn du eine Freundin mitnimmst, redest du wieder nur vom Liebeskummer (und die Reise selbst ist dann für sie vermutlich nur schwer zu ertragen). Zu sehen, dass man alleine in einer fremden Umgebung zurechtkommt, stärkt den Selbstwert enorm. Spür deine Stärke wieder.

LET'S TALK ABOUT SEX

Dass ausgerechnet ich einen Sex-Podcast mit Leonie gemeinsam gestartet habe, finden manche Menschen in meinem engeren Umkreis immer noch verdammt komisch – oder besser gesagt, ironisch. Als Teenager war ich wie Teflon für die meisten Jungs und amüsierte mich köstlich darüber, dass mich die Leute nicht richtig einschätzen konnten, weil ich zwar schon immer freche Sprüche auf den Lippen hatte, aber auch gerne kokettierte: „Ist sie wirklich so brav oder hat sie's doch faustdick hinter den Ohren ...?"

Ich hatte einen späten, aber trotzdem (oder vielleicht gerade deshalb) sehr schönen Einstieg in die Sexualität. Vor Sex und all den Themen drumherum hatte ich immer großen Respekt, deshalb wollte ich nichts überstürzen und bin langsam an die Sache herangegangen. Ich habe mich zeitnah um Verhütung gekümmert, war in einer festen Partnerschaft und hatte Vertrauen zu dieser Person. Es ist wahr: Ich bin und war schon immer ein Kontrollfreak und gerade in dieser Situation war mir ein Maximum an Kontrolle wichtig.

Sich als unsicherer Teenager an das Thema Sex heranzuwagen, kann ganz schön anstrengend sein. Gerade im Alter ab 14 dreht sich gefühlt alles um dieses eine Thema: Wer hat schon mal? Wer hat mit wem? Und wer kommt als nächstes...? Das Liebesleben aller anderen Gleichaltrigen war das Lieblingsthema auf jedem Schulhof. Vor allem als Mädchen wurde man aber schnell abgestempelt. Ich kenne und kannte viele junge Frauen, deren erste sexuelle Erfahrungen wie billige Klatschgeschichten herumerzählt wurden. Während man jungen Männern ihre sexuelle Experimentierfreude nicht einmal annähernd in Abrede stellt (ganz im

Gegenteil: es gehört sogar zum „Mann werden" dazu), müssen Mädels sich dafür rechtfertigen. Dieses frauenfeindliche Paradoxon hat mich immer schon gestört, aber gleichzeitig dachte ich mir als Teenager: „Wenn ich einfach gar nichts mache, kann auch keiner blöd daherreden." Das stimmt natürlich. Aber andererseits: Wie soll man sich so als junge Frau selbst kennenlernen? Wie soll man herausfinden, was einem gefällt und was nicht?

In diesem Alter habe ich irgendwann begriffen, dass Tabuthemen mehr Schaden anrichten als dass sie nützen. Junge Frauen von ihrer Sexualität fernhalten zu wollen bringt nichts als Probleme. Indem man junge Menschen nicht ernsthaft über die Herausforderungen beim Sex und die Verantwortung, die dieser mit sich bringt, aufklärt, erzieht man sie

WÄHREND MAN JUNGEN MÄNNERN IHRE SEXUELLE EXPERIMENTIERFREUDE NICHT EINMAL ANNÄHERND IN ABREDE STELLT (GANZ IM GEGENTEIL: ES GEHÖRT SOGAR ZUM „MANN WERDEN" DAZU), MÜSSEN MÄDELS SICH DAFÜR RECHTFERTIGEN.

lediglich dazu, sich die Informationen auf andere Art und Weise zu besorgen. Nämlich über Pornos, über Sekundärerfahrung – oder sie machen's einfach, ohne über die Konsequenzen nachzudenken. Junge Menschen überall auf der Welt erleben, gerade in dieser Zeit, einen wahrhaft paradoxen Zugang zu Sexualität. Einerseits werden sie auf Social Media, in Musikvideos, in der Sprache, in Werbesujets nahezu zugemüllt mit sexuellen Inhalten. Andererseits wird gerade mal ein Bruchteil der jungen Leute überhaupt richtig aufgeklärt, geschweige denn sprechen Eltern mit ihren Kindern über Körper und Sexualität.

Wenn man als junge Frau heute über Sex sprechen will oder ihn gar aktiv einfordert, bringt uns die Gesellschaft nach wie vor dazu, diese Frauen als „notgeil", „nymphoman" oder „Flittchen" abzustempeln. Gleichzeitig wird man als Frau mit Anfang 30 oft mit der Frage konfrontiert, wann man denn endlich Kinder bekommen wird. Es macht mich so oft so wütend, dass der weibliche Körper zwar als Gebärmaschine fungieren darf, über sein Lustempfinden und die unglaublich vielfältigen Ausdrucksformen des weiblichen Körpers schweigt man aber lieber.

„Sex ist das Fenster, durch welches man die tief verwurzelten Wertehaltungen einer Gesellschaft und ihren Umgang mit Frauen, Kindern, Machtverhältnissen, Privilegien und Doppelmoral beobachten kann. Und in jeder Kultur ist Sex auch das Fenster, durch welches hindurch die radikalsten, progressivsten Veränderungen stattfinden"⁴, meint die Paartherapeutin Esther Perel in diesem Zusammenhang. Und es stimmt: Sex ist politisch, und am deutlichsten wird das in den Mythen rund um die weibliche Jungfräulichkeit. Nichts auf dieser Welt ist so politisch und wird so restriktiv gehandhabt wie der weibliche Körper und die weibliche Jungfräulichkeit. In vielen Kulturen zählt sie immer noch als Voraussetzung für Eheschließungen oder zumindest als positiv angesehenes Attribut. Auch heute müssen viele junge Frauen in manchen Teilen der Welt erniedrigende Untersuchungen über sich ergehen lassen, bei denen das Vorhandensein des Hymens (Jungfernhäutchens) überprüft wird. International boomen sogenannte Hymen-Rekonstruktionen, bei denen das Jungfernhäutchen chirurgisch wiederhergestellt wird.

Diese Einstellung zur Jungfräulichkeit gleicht einem Relikt aus mittelalterlichen Zeiten, in denen die Frau und ihr Körper als Besitz des Mannes erachtet wurden. Die weibliche Jungfräulichkeit ist ein weiteres Konzept zur Unterdrückung der weiblichen Lust und Sexualität und sagt nichts über den Wert eines Menschen aus. Sowohl in der Erziehung durch viele Familien als auch in der Schule wird die weibliche Jungfräulichkeit nach wie vor oft als etwas Reines, ja gar „Heiliges" dargestellt. „Du sollst nicht mit irgendwem schlafen", „Vergeude dein erstes Mal nicht", „Gib dich nicht einfach so her" – diese Sätze hat fast jede junge Frau schon einmal gehört.

Diese Art falscher Fürsorge, die aus der bloßen Angst vor weiblicher Lust geboren wird, führt allerdings oft dazu, dass Frauen sich nicht oder zu wenig damit auseinandersetzen, was sie beim Sex eigentlich wollen und wie *ihre* Sexualität funktioniert. Sie verkennt, dass Frauen sexuelle Wesen sind und Lust empfinden, dass sie aktiv daran interessiert sind, diese Lust zu befriedigen und Spaß an Sexualität haben können. Scham erklärt den Mann zum sexuell offensiven Part, während Frauen dahingehend erzogen werden, Sexualität auszuweichen, zu unterdrücken und sich dafür zu schämen. Männer werden in Diskussionen über Sex gern als diejenigen dargestellt, die einfach ihrem Naturell folgen: Sex sei quasi in ihrer DNA verankert, Männer würden nun mal eher fremdgehen, weil sie nicht anders können, und außerdem denken sie sowieso alle zwei Minuten an Sex. All das sind Vorurteile, mit denen nicht nur heranwachsende Männer groß werden, sondern eben auch junge Frauen.

Durch die Mystifizierung und Glorifizierung der weiblichen Jungfräulichkeit werden Frauen in eine passive Rolle gedrängt, in der sie lernen, defensiv mit Sex umzugehen, ohne tatsächlich ein Gespür dafür zu bekommen, was ihnen selbst gefällt. Das führt in weiterer Folge dazu, dass es für viele bis ins spätere Erwachsenenleben schwierig sein kann, sich sexuelle Wünsche und Bedürfnisse zuzugestehen oder diese in Worte zu fassen. Bei manchen dauert es Jahre, bis diese antrainierte Scham, die nicht nur für die Frauen selbst, sondern auch für ihre Beziehungen belastend sein kann, abgelegt wird. Das bedeutet natürlich nicht, dass es dir völlig egal sein muss, mit wem du deinen ersten Sex erlebst. Das Wichtigste ist, dass du dich mit deiner Entscheidung wohlfühlst, dass der Mensch einfühlsam mit dir umgeht und dich respektiert.

Das heißt: Man achtet deinen Körper und deine Bedürfnisse, erklärt Verhütung nicht allein zu deiner Privatangelegenheit und versucht nicht, dich zu Praktiken zu überreden, zu denen du nicht bereit bist.

Und zum Thema „bereit sein": Wie manche von euch wissen, war ich in meinen Teenagerjahren und frühen Zwanzigern oft und gerne auf Konzerten. Ich liebte Musik, produzierte selbst Songs und suchte den Kontakt zu meinen Idolen häufig über MySpace und Instagram. Ich wollte ihnen nah sein, ihre Energie spüren und ihre Aufmerksamkeit. Da ich gelegentlich als Praktikantin für namhafte Medien arbeitete, hatte ich die Möglichkeit, große Musiker*innen bei Konzerten zu interviewen. Ich sehe es heute noch so klar vor mir: Die kleine 16-jährige Sinah mit ihrem Mikrofon und ihrem Aufnahmegerät, mit der pinken Leopardenprint-jacke, dem Nietengürtel und den zerschlissenen Converse, die einfach nur mit ihren Bandidolen Bier trinken und ihnen nah sein wollte. Dann waren da diese völlig abgehalfterten Männer mit Emo-Haarschnitt, schrecklichen Tattoos und einem Atem, der nach Zigaretten und billigem Burger roch. Typen Anfang 30, die mich begrapschten und glaubten, mich in ihren Tourbus locken zu können, weil sie mir „neue Songs" zeigen wollten.

Merke dir eines: Wenn dir ein tätowierter Musiker in Lederjacke sagt, dass du ihm den Kopf verdreht hast, dann lauf am besten gleich davon. Damals fühlte ich mich besonders, „auserwählt", weil sie Zeit mit *mir* verbringen wollten. Es war meistens die Art von Männern, die mich abfüllen wollten und mir ins Gesicht sagten, dass ich „zu kleine Brüste" habe. Männer, die irgendwann mal meine Helden waren und deren Vagabunden-Lifestyle ich gewissermaßen mitfinanzierte, indem ich Tickets für ihre Shows kaufte. Heute weiß ich: Ich hatte einfach nur Glück. Meistens war ich alleine unterwegs, weil keine meiner Freund*innen diese Scheißmusik ertragen wollte. Es hätte viel passieren können. Ist es zum Glück nicht. Vermutlich auch deshalb, weil mein Radar für *toxic guys* damals schon gut funktionierte. Ich muss wohl nicht anmerken, dass einige meiner damaligen „Bekanntschaften" tatsächlich in Konflikt mit dem Gesetz gekommen sind, weil sie sich mit Minderjährigen eingelassen haben oder Frauen psychisch und physisch missbraucht haben. Junge Frauen sind wirklich nirgends richtig sicher. Nicht einmal auf Konzerten ihrer Lieblingsband.

Deshalb bin ich heilfroh, dass ich mich von diesen Typen nicht hinreißen habe lassen, ihre muffigen Tourbusbetten mit ihnen zu teilen. Es bestärkt mich in meiner Meinung, dass das Bauchgefühl im Endeffekt immer recht hat.

In unzähligen Gesprächen mit unseren Zuhörer*innen fällt uns immer wieder auf, dass viele junge Frauen zuerst Sex haben, ja, sogar jahrelang in Beziehungen leben, bevor sie überhaupt einen Orgasmus erleben. Wir haben mit Zuhörer*innen gesprochen, die sich mit Mitte 20 zum ersten Mal selbst befriedigt haben und auch dann erst zum Orgasmus kamen. Aber bitte nicht falsch verstehen: Das heißt nicht, dass Selbstbefriedigung ein tägliches Pflichtprogramm für jede und jeden sein muss. Allerdings kann Masturbation eine großartige Chance sein, den eigenen Körper kennenzulernen und außerdem dabei helfen, herauszufinden, welche Berührungen dich stimulieren. Vor allem bewirkt Masturbation eines: Sie hat die Macht, das eigene Selbstbewusstsein grundlegend zu verändern. Ganz ehrlich: Niemand kann erraten, was dir gefällt, wenn du es nicht einmal selber weißt. Deshalb ist eine Auseinandersetzung mit deinem Körper essenziell. Ob du dann täglich, wöchentlich oder monatlich masturbierst, ist ganz dir überlassen. Aber baue nicht darauf, dass dein*e Partner*in beim Sex mit dir sofort weiß, was dir gefällt, wenn du dich nicht traust, deine Lust oder Unlust zu beschreiben. Ob in Worten oder indem du es zeigst: Sex (vor allem guter Sex) lebt von Kommunikation, dem Erkennen der eigenen Bedürfnisse, der Anerkennung des anderen und in jenem Raum, in dem Lust existieren darf. Oder, wie Esther Perel sagt: „Sexualität ist eine Linse. Kein Akt."[5]

DIESE ART FALSCHER FÜRSORGE, DIE AUS DER BLOSSEN ANGST VOR WEIBLICHER LUST GEBOREN WIRD, FÜHRT OFT DAZU, DASS FRAUEN SICH NICHT ODER ZU WENIG DAMIT AUSEINANDERSETZEN, WAS SIE BEIM SEX EIGENTLICH WOLLEN UND WIE IHRE SEXUALITÄT FUNKTIONIERT.

Genau das war auch der ausschlaggebende Grund für Leonie und mich, einen Podcast zu starten. Wir hatten die Art und Weise, wie öffentlich über Sex debattiert wird, satt. Einerseits waren Diskussionen über Sex verroht, andererseits zu steril. Außerdem legten die meisten öffentlichen Debatten ein funktionierendes Sexleben in der Beziehung in den alleinigen Handlungsbereich der Frau. Gefühlt jeder zweite Artikel in Frauenmagazinen beschrieb, wie du als Frau den perfekten Blowjob performst, wie du dich untenrum stylen solltest und welche Unterwäsche Männer geil finden. Die weibliche Lust selbst wurde in der Zeit unserer eigenen Adoleszenz selten thematisiert. Diese einseitige und oberflächliche Betrachtungsweise von Sex hat zur Folge, dass sich junge Frauen mit Themen wie Orgasmen (oder deren Abwesenheit), Verhütung, Lustlosigkeit und der Ausdrucksfähigkeit ihres Körpers alleingelassen fühlen.

Unser erklärtes Ziel ist es deshalb, Frauen dahingehend zu ermutigen, experimentierfreudiger zu werden und zu sich selbst, ihren Bedürfnissen und ihren Körpern zu stehen. Mit experimentierfreudig meinen wir allerdings nicht, dass jede Frau hunderte Sex-Positionen auswendig kennen muss. Sondern dass Frauen sich selbst erlauben zu lernen, Lust auf ihre eigene Art zu empfinden und diese auch zu zeigen. Mindestens genauso wichtig ist, dass sie ihre*n Partner*in aktiv einbinden und zu dem stehen, was sie erregt – und auch zu dem, was sie nicht erregt.

Was uns immer wieder auffällt, ist, dass Sex nur die Spitze des Eisbergs ist. Manche haben Sex, wenn sie sich einsam fühlen, wenn sie sich gut fühlen möchten, wenn sie Bestätigung suchen, wenn sie rastlos sind oder einfach nur Druck abbauen wollen. Für viele ist Sex Ausdrucksform, Ventil, Sport, das, worauf sie ihre Erwartungen projizieren, oder auch einfach nur problematisch. „Nur Sex", das haben wir mittlerweile gelernt, gibt es nicht.

Egal, ob in fester Partnerschaft oder bei einem One-Night-Stand: Sex ist nur dann gut, wenn man ihn auch wirklich möchte und wenn man ihn auch mit dieser Person möchte. Es bringt nichts, Sex mit jemandem zu haben, weil man sich etwas beweisen will oder der Meinung ist, viel Sex mit vielen unterschiedlichen Personen gehöre zum Heranwachsen, zum „Ausleben" eben dazu. Dasselbe gilt für diverse Praktiken. Wenn du die Lust verspürst, Bondage auszuprobieren oder in einen Swinger Club zu gehen, dann mach das auch. Praktiziere Safer Sex und genieße es. Wenn du das Gefühl hast, du fühlst dich noch nicht bereit für Analsex, Doggy-Style und Co., dann kommuniziere klar und deutlich, was du nicht willst. Hab keine Angst davor, deine*n Partner*in zu verärgern, indem du zu dir selbst stehst und deine Grenzen klar aufzeigst. Das Bauchgefühl ist in diesen Dingen immer ein guter Ratgeber, das man dennoch gerne ignoriert. „Ich hätte auf mein Gefühl hören sollen" ist ein Satz, den wir oft von unseren Zuhörer*innen hören, wenn es um Sex geht. Wenn dir dein Gefühl also sagt: „Irgendwas passt hier nicht", dann versuche nicht krampfhaft, dieses Gefühl zu ignorieren, sondern dir dieses Gefühls bewusst zu werden. Eben das ist Selbstbewusstsein.

WHAT LEONIE SAYS

ICH WÜNSCHTE, ich hätte es mir bereits vor meinen Zwanzigern öfter selbst gemacht. Ich dachte damals, ich dürfte Sexualität nur in Beziehungen (Gspusis inkludiert) erleben.

Für mich war das Thema mit viel Scham verbunden. Dadurch habe ich mir lange Zeit selbst verwehrt zu wissen, was mir gefällt. Ich dachte, Hauptsache, ihm gefällt's und ich schau dabei gut aus. Zu oft habe ich Ja gesagt, war mir aber unsicher. Und dachte: Ok, schauen wir mal.

Sex ist toll. Die eigenen Grenzen, Wünsche und Bedürfnisse dabei zu kennen ist noch besser. Es dauert oft lange, bis man erkennt, wo diese liegen. Manchmal braucht man gewisse Situationen, um zu wissen: Das ist nicht das, was ich will. Und manchmal denkt man sich: Scheiß drauf, ich will das probieren. Wie Sinah sagt: Aufs Bauchgefühl hören – und wenn dieses gerade stumm ist, lieber einmal zu viel Nein sagen.

... AUF SICH ALLEIN GESTELLT SEIN

Das vertraute Nest der Familie zu verlassen und auszuziehen, ist ein großer Schritt. Aber irgendwann ist es nun mal an der Zeit, flügge zu werden. In meinem Fall markierte der Beginn meines Studiums den Neubeginn in einer fremden Großstadt. Allerdings hätte ich mir bessere Umstände für diesen Neustart gewünscht: Ich war erst kurze Zeit von meiner ersten großen Liebe getrennt, war immer noch traurig deswegen und deshalb wirkte dieser Schritt auf mich eher bedrohlich als befreiend. Im Nachhinein betrachtet bin ich aber froh, dass alles so gekommen ist, wie es eben kam: Wer weiß, ob ich mich sonst jemals von zuhause hätte lösen können?

Ich habe schon immer den starken Drang in mir verspürt, etwas aus meinem Leben zu machen. Es war mir wichtig, mich zu bilden und eine Karriere aufzubauen, auf die ich stolz sein konnte. Deshalb schien es nur logisch, dass ich nach Wien gehen würde. Die erste Zeit in der großen Stadt bedeutete aber trotz aller Euphorie eine enorme Umstellung für mich und ich habe sie als sehr anstrengend in Erinnerung – und das, obwohl ich mir nichts sehnlicher gewünscht hatte, als in einer Großstadt zu leben. Plötzlich waren überall Menschen, dazu der Lärm, die Unverbindlichkeit, der Wiener Grant...

Ich hatte oft Panik, fühlte mich einsam und überfordert. Gleichzeitig war ich frustriert, weil ich mir von meinem Auszug so viel erhofft hatte: Abenteuer, coole Parties und strebsame Lernnächte mit literweise Kaffee, süße Typen in der Uni Bibliothek kennenlernen und WG-Parties mit schillernden Menschen... In meiner Vorstellung hatte ich mir meine anfängliche Studentenzeit als die beste Zeit meines Lebens ausgemalt,

doch die Realität war eine andere. Naiv wie ich war, dachte ich immer, das Leben in der Großstadt sei tatsächlich wie in einer dieser Serien, in denen man zu fünft in einer WG lebt und alle miteinander befreundet sind, man jeden Abend Cosmopolitans in einer glamourösen Bar schlürft, und ich konnte es kaum erwarten, die von Abgasen verpestete Stadtluft zu atmen. Fakt ist: Ich habe richtig lange gebraucht, um mich für neue Bekanntschaften zu erwärmen – und Cosmopolitans um 12 Euro kann ich mir auch erst seit kurzer Zeit guten Gewissens leisten. Obwohl ich schon Freundinnen in der Stadt hatte, war der neue Alltag für mich eine Herausforderung. Wohnungssuche, Meldeamt, Jobsuche, Haushalt organisieren... Plötzlich war ich für mich selbst verantwortlich und ich wünschte mich mehr als einmal in das chaotische Familienleben zurück, wo ich noch Kind sein durfte.

NAIV WIE ICH WAR, DACHTE ICH IMMER, DAS LEBEN IN DER GROSSSTADT SEI TATSÄCHLICH WIE IN EINER DIESER SERIEN, IN DENEN MAN ZU FÜNFT IN EINER WG LEBT UND ALLE MITEINANDER BEFREUNDET SIND, MAN JEDEN ABEND COSMOPOLITANS IN EINER GLAMOURÖSEN BAR SCHLÜRFT, UND ICH KONNTE ES KAUM ERWARTEN, DIE VON ABGASEN VERPESTETE STADTLUFT ZU ATMEN.

Auch wenn meine Familie mich sehr unterstützte (meine Mama fuhr gefühlt zwanzigmal mit mir zu Ikea, um meine Wohnung schön einzurichten), so fühlte sich dieser neue Ort erst nach vielen Monaten allmählich wie ein Zuhause für mich an. So ging es mir bis jetzt bei jedem Umzug. Dadurch wurde mir klar, dass eine eigene Wohnung nicht auch zwangsläufig ein gemütliches Zuhause bedeutet und vor allem, dass eine eigene Wohnung sehr viel Liebe und Aufmerksamkeit braucht. Ich erinnere mich noch gut an meine erste Bleibe in Wien: eine kleine Zwei-Zimmer-Wohnung in einer coolen Bobo-Gegend mit schrecklich schalldurchlässigen Wänden, aber immerhin war es meine erste eigene Wohnung. Ich war trotz der Umstellung stolz auf meine neu gewonnene Unabhängigkeit und bestrebt, mich einzuleben und alle Herausforderungen zu meistern. Weil ich stolz bin (und außerdem Skorpion) war ich mir sicher, dass ich lernen müsste, allein klarzukommen und dass ich mich daran gewöhnen müsste, alleine zu sein. Eine WG gründen? Muss nicht unbedingt sein. Aber ganz alleine wohnen war nunmal sehr teuer und auch emotional intensiv, deshalb entschloss ich mich zu einem kurzen Intermezzo mit einer Mitbewohnerin.

Niemand hat mir gesagt, wie schwierig es sein kann, den oder die richtige Mitbewohner*in zu finden. Die meisten meiner Freundinnen lebten bereits in Wohnungsgemeinschaften, und so blieb mir nichts anderes übrig, als über Facebook-Gruppen nach potenziellen Wohnungs-genoss*innen zu suchen. Himmel, bin ich froh, dass diese Zeit hinter mir liegt! Ich glaube, ich habe mit mindestens fünfzig Leuten gesprochen, bis ich endlich ein Mädel traf, mit dem ich mir einen geteilten Haushalt vorstellen konnte. Die Sache ist die: Ich bin eher die Art Mensch, die schon nervös wird, wenn zu viele Leute in einem Kinosaal sind. Fremde Personen strengen mich oft an, gerade wenn ich privat mit ihnen um-gehen muss. Ich befürchte, dass mich diese Tatsache nicht unbedingt zur besten WG-Kollegin macht, aber das ist auch völlig okay so. Gut, dass ich das für mich herausgefunden habe. Das Konzept WG wäre für mich ohnehin keine Dauerlösung gewesen, weil ich einfach nicht mit Putzplänen, Gemeinschaftsräumen und WG-Parties klarkomme. Ich bin eben gern für mich, aber für den Anfang in einer fremden Stadt war es gut, nicht ganz allein zu sein. Aber auch wenn es eben nur ein Zusammenleben auf Zeit ist: Es ist so wichtig, halbwegs miteinander aus-zukommen. Nichts ist schlimmer, als wenn du deine WG-Kolleg*innen abgrundtief hasst und einen komplett gegensätzlichen Tagesablauf als der Rest deiner Gemeinschaft hast.

Gerade weil ich so stolz war, verbrachte ich oft Monate in Wien, ohne übers Wochenende nach Oberösterreich zu meiner Familie zu fahren, so wie meine Mitbewohnerin, Freunde und Freundinnen das taten.

Ich wollte mich um jeden Preis einleben und ich hätte mich wie eine Versagerin gefühlt, wenn ich meiner Mutti vorgeweint hätte, wie alleine ich mich oft in der Stadt fühlte und wie seltsam es manchmal war, mit einer fremden Person zusammenzuwohnen. Ich vermisste unser lautes, aber vertrautes Familienleben, die alltäglichen Themen, den Duft von selbstgebackenem Brot und die weiche, frisch gewaschene Wäsche. Diese Sehnsucht nach Sicherheit und einem Zuhause wurde durch den fiesen Liebeskummer nicht gerade gelindert. Ich denke, meine Familie war überhaupt etwas erstaunt darüber, dass ich mich anfangs gar so wenig blicken ließ. Dieser Abnabelungsprozess war dennoch wichtig, auch, wenn ich im Nachhinein betrachtet viel geduldiger mit mir selbst hätte sein sollen. Und weniger stolz.

Es gab auch verdammt viele gute Momente während dieser fordernden Zeit. Zum Beispiel, als ich meine erste wichtige Praktikumsstelle erhielt und den kleinen Zeh endlich in der Tür zur Wiener Medienbranche hatte. Die ersten Einser auf Uniprüfungen, oder als ich zum ersten Mal das

Gefühl hatte, den Liebeskummer überwunden zu haben. Oder die unglaublich lustigen Abende in Irish Pubs, in denen wir Cider bis zum Abwinken in uns reinschütteten. Während dieser Zeit sind so viele gute Geschichten passiert, bei denen ich und meine beste Freundin uns heute noch vor Lachen krümmen, wenn wir darüber reden. All diese Momente führten schließlich dazu, dass diese Stadt mehr und mehr zu meinem Zuhause wurde. Ich habe gelernt, dass man an vielen Orten zuhause sein kann und dass das Einzige, was ein Zuhause zu ebendiesem macht, die Menschen sind, mit denen man sich umgibt.

Der Gedanke daran, alleine zu wohnen, kann ganz schön Angst machen. Obgleich alleine zu leben nicht gleich Einsamkeit bedeutet, so kann man doch gelegentlich das Gefühl bekommen, als ob man völlig allein auf der Welt ist. Vor allem, wenn man einen Großteil des eigenen Tages mit Lernen für Prüfungen oder Arbeit verbringt. Da ist niemand, der dir Suppe bringt, wenn du krank bist oder dich nach deinem Tag fragt, wenn du zur Tür hereinkommst. Andererseits bedeutet die eigene Wohnung auch ultimative Freiheit, und wenn man es sich leisten kann, alleine zu wohnen, sollte man es zumindest einmal im Leben versucht haben. Mich hat diese Zeit so viel gelehrt. Ich wurde erwachsen, eigenständig und habe es nach all den Jahren auch wirklich schätzen können, meinen Alltag mit einem anderen Menschen zu teilen. Deine Wohnung kann zum Ort deiner Individualität und Kreativität werden, an dem du niemandem Rechenschaft schuldig bist. Egal, ob du nun deine Wände pink streichen, schwarze Möbel kaufen oder auf einer Matratze am Boden schlafen möchtest: deine Wohnung, deine Regeln.

DER GEDANKE DARAN, ALLEINE ZU WOHNEN, KANN GANZ SCHÖN ANGST MACHEN. OBGLEICH ALLEINE ZU LEBEN NICHT GLEICH EINSAMKEIT BEDEUTET, SO KANN MAN DOCH GELEGENTLICH DAS GEFÜHL BEKOMMEN, ALS OB MAN VÖLLIG ALLEIN AUF DER WELT IST.

WHAT LEONIE SAYS

WIESO BIN ich je ausgezogen? Das war eine Frage, die ich mir oft stellte, als ich das erste Mal mit Putzplänen und einem leeren Kühlschrank konfrontiert war.

Ausziehen ist anfangs eine Hürde, und auch jetzt, mit über 30 Jahren, stehe ich sonntags ab und an vor dem Kühlschrank und komme drauf: Ups, vergessen, einkaufen zu gehen. Aber gut, dass es Lieferservice gibt. Dennoch mache ich einen großen Meilenstein im „Erwachsenwerden" an meinem Einzug in meine erste Hier-wohne-ich-alleine-Wohnung fest.

Nach fünf Jahren WG-Hopping war mir recht deutlich klar, dass ich wohl doch nicht der WG-Typ bin, so gern ich es gewesen wäre. Ich bin gern Herrin meines eigenen Chaos und will mich nie mehr mit der Situation auseinandersetzen, dass ich mich auf meine Süßigkeit freue, um dann festzustellen, dass sie der Mitbewohner gegessen hat. Falls jetzt eine Mutti da draußen sagt: Wart es mal ab, wenn du Kinder hast, das sind die schlimmsten Mitbewohner ever! Ja, ich weiß, aber bis dahin habe ich hoffentlich ein besseres Versteck.

COUCHGEFLÜSTER-TIPPS:

⭐ Die ersten Schritte in Richtung Unabhängigkeit können sich auch mal beängstigend anfühlen und zeitweise wirst du dich vielleicht zurückwünschen in dein altes Zuhause. Es bringt nichts, Gefühle der Einsamkeit mit Alkohol und Parties zu betäuben und zu glauben, dass alles in Ordnung sei. Leg dir Strategien zurecht, wenn dich diese Gefühle zuweilen überrollen – und sei nicht so hart zu dir, wenn du dich einsam fühlst! Ruf deine beste Freundin an, lade sie zu einer Übernachtungsparty mit Filmabend ein, frag deine Mama, ob sie für ein Wochenende (oder auch länger) zu dir kommt oder statte deiner Familie einen Spontanbesuch ab, wenn das vertraute Nest ein Ort für dich ist, an dem du dich sicher fühlst. Negative Gefühle schnell identifizieren und gesund darauf reagieren zu können, ist nämlich auch Self Care.

⭐ Wenn du aufgrund von Studium, Au Pair oder Job in einem anderen Land lebst und noch nicht wirklich Anschluss gefunden hast, sei nicht zu hart zu dir und gib dir selbst ein bisschen Zeit, um dich einzugewöhnen. Niemand denkt schlecht von dir, wenn du anfangs lieber stundenlang mit den Liebsten zuhause FaceTimen willst, anstatt auszugehen. Dein Sicherheitsnetz in Anspruch zu nehmen, macht dich nicht zu einer Verliererin – sondern zu einer Überlebenskünstlerin!

⭐ Wenn es aufgrund der Umstände nicht möglich ist, Kontakt mit deinen Liebsten aufzunehmen, versuche, negative Gefühle wie Einsamkeit nicht überzubewerten. Sie werden wieder ganz von selbst verschwinden, wie Wolken, die am Himmel vorbeiziehen. Nimm dir einen Moment, um zu meditieren, für Atemübungen oder um progressive Muskelentspannung zu machen. Das reduziert Stress und beugt Panikattacken vor. In Phasen, in denen du dich melancholisch oder traurig fühlst, solltest du außerdem eher auf wohltuende Entspannungstees als auf Alkohol setzen. Denn auch, wenn wir im angeheiterten Zustand wahre Höhenflüge erleben können, so sorgt die postalkoholische Depression am nächsten Morgen meist für noch schlechtere Stimmung und verstärkt Ängste.

... DIE NACHT ZUM TAG MACHEN

Kannst du dich noch an das erste Mal fortgehen erinnern? Dieses aufregende Gefühl, endlich abends rauszudürfen in ein Lokal, wo du wahrscheinlich nur mit gefälschtem Ausweis reingekommen bist? Vielleicht war da auch ein kleiner Nervenzusammenbruch, weil du nichts zum Anziehen hattest oder die Haare nicht so saßen, wie du es wolltest?

Wenn ich mich zurückerinnere an meine ersten Fortgeh-Versuche, muss ich einerseits schmunzeln über meine Naivität, aber mir gleichzeitig auch an den Kopf greifen, wie viel Blödsinn man in so wenig Zeit machen kann.

Ich war 15, als mich zwei Freundinnen gefragt haben, ob ich mit ihnen ins Flex möchte. Das Flex ist einer der wohl ältesten Clubs Wiens und wurde für die nächsten Jahre fast so etwas wie mein Zuhause. Da wir alle noch keine 16 Jahre alt waren, durften wir eigentlich nicht einmal ins Flex, das sich in zwei Bereiche aufteilte: Flex Café (ab 16 Jahren) und Club (ab 18 Jahren).

Wir wollten ins Café, nicht nur, weil wir kein Geld für den Clubeintritt hatten, sondern auch, weil der Club erst um 23 Uhr öffnete und wir schon um Mitternacht wieder zuhause sein mussten.

Mein Herz pochte wild, als ich mit der U-Bahn in Richtung Flex fuhr und mir kam das Ganze wie eine Weltreise vor. Ich traf meine Mädels vor dem Eingang und dann war die erste Hürde zu überwinden: der Türsteher. Horror. Ich kramte ganz cool und lässig meinen gefälschten Schülerausweis heraus, auf dem ich schon 16 Jahre alt war. Er blickte in meine von Kajal schwarz umrandeten Augen, zurück zum Ausweis, wieder zu mir und dann das befreiende Gefühl: Er gab ihn mir zurück und nickte mir zu.

Da war ich nun im sagenumwobenen Flex, in dem schon meine Mutter feiern war und wahrscheinlich auch meine Kinder noch feiern werden. Damals gab es nur Bierbänke im Café und das Publikum war eine Mischung aus Teenies, Punks und etwas dubiosen Leuten, die sich meistens als Dealer oder deren Konsument*innen herausstellten. Wir bestellten uns jeweils ein Bier in der Flasche und dann winkten uns schon ein paar Jungs zu sich zu einer der Bierbänke.

Meine Freundinnen kannten die Gruppe und eine von ihnen hatte anscheinend was mit einem. Ich war neu und absolut unsicher, versuchte mir das aber keine Sekunde anmerken zu lassen und nippte an meinem Bier. Einer der Jungs bot mir eine Zigarette an und ich lehnte dankend ab, denn

WENN ICH HEUTE BEIM FLEX VORBEI-GEHE, VERSPÜRE ICH NOSTALGIE. ICH DENKE AN DIE AUFREGUNG BEIM AUSWEIS HERZEIGEN, DIE PANIK, DEN NACHTBUS ZU VERPASSEN UND NATÜRLICH DIE SORGE, OB DAS EIGENE OUTFIT EH COOL GENUG IST.

ich hatte meine eigenen. In Planung für diesen Abend hatte ich mein Sparschwein geplündert und mir eigene geholt. Die damals coolsten Zigaretten waren schwarz und in den 2000er Jahren waren sie sowas wie ein Must Have.

Ich spürte das Bier ganz schön schnell.

Als der Club im Nebenraum aufmachte, kamen schillernde Gestalten von draußen herein, tanzten immer wieder zwischen Club und Café, wo sie sich Drinks holten. Ich war begeistert von ihnen, ihre Outfits glitzerten und einige trugen schrille Leggings. Die Zeit verging wie im Flug, plötzlich war es fast Mitternacht und ich musste laufen, um meinen Nachtbus zu erreichen. Als ich im Bett lag, wusste ich: Ich würde einmal in diesen Club tanzen gehen – mit genauso einem coolen, schrillen Outfit. Diesen Traum habe ich mir dann auch erfüllt.

Wenn ich heute beim Flex vorbeigehe, verspüre ich Nostalgie. Ich denke an die Aufregung beim Ausweis herzeigen, die Panik, den Nachtbus zu verpassen und natürlich die Sorge, ob das eigene Outfit eh cool genug ist. Zugegeben, mein erstes Mal fortgehen war nicht die spektakulärste Nacht meines Lebens, aber es war ein wirklich schönes Erlebnis, das ich nicht missen will. Die typischen Drama-Fortgeh-Abende kamen erst, als ich ein wenig mehr Übung hatte.

Besonders eine Nacht erfüllte jegliches Klischee von Teenie-Hochmut, der zu einem tiefen Fall führt. Begonnen hat es damit, dass wir alle unsere Eltern belogen hatten, dass wir einen Filmabend machen würden. Eine in unserer Gruppe hatte sturmfrei, und so nächtigten wir alle bei ihr, damit unser Unterfangen nicht auffiel.

Es war der sechzehnte Geburtstag von I. und ein lauer Sommerabend. Also gingen wir ziemlich betrunken in einen Club, der bekannt dafür war, nicht allzu genau auf den Ausweis zu achten und wo es noch mehr billigen Alkohol gab, den wir eigentlich nicht mehr nötig hatten - wir hatten ordentlich vorgeglüht. Im Club selbst spielte es die damaligen Pop-Charts rauf und runter und es wirkte fast so, als hätten alle Teenager*innen der Stadt den gleichen glorreichen Plan gehabt, dorthin zu gehen.

Deswegen war es zunächst auch ein wenig wie bei einer Party in der Sommersportwoche. Alle standen am Rand herum, keiner traute sich so richtig zu tanzen und es wurde hin und her gewippt und verlegen in die Runde geschaut. Im Laufe der Nacht wurde die Stimmung etwas lockerer, das Publikum vermischte sich ein wenig und es wurde getanzt.

Ich sprach gerade mit einem ziemlich süßen Emo-Boy, der ganz offensichtlich auch von seinen Freunden in den Club geschleppt worden war, darüber, wie uncool die Musik sei und dass ich eben auch nur hier wäre wegen meiner Freundinnen. Bevor ich mit ihm Nummern austauschen konnte, sah ich eine meiner Freundinnen auf mich zu stürmen und ihre Augen schrien förmlich „OMG".

Sie packte mich und deutete zur anderen Seite des Raumes. Dort sah ich das Geburtstagskind mit einem ca. 40-Jährigen rumschmusen und mir wurde mitgeteilt, dass ein Teil der Gruppe nicht mehr auffindbar sei, unter anderem auch das Mädchen, bei dem wir alle nächtigen sollten.

Ich fiel aus allen Wolken. Ich hatte die Gruppe für ein paar Minuten verlassen und in der kurzen Zeit geschah mehr Drama, als ich es mir hätte vorstellen können.

Meine Freundin und ich rissen das Geburtstagskind von dem alten Mann weg, suchten alle zusammen und verließen den Club. Abgängig war immer noch diejenige, die uns Unterschlupf gewähren sollte. Wir hatten die glorreiche Idee, einfach ohne sie vorauszufahren, als wir sie mit zwei äußerst dubiosen Typen entdeckten. Sie verkündete uns, dass sie mit denen gekifft hätte und jetzt voll high sei, während eine andere der Gruppe plötzlich anfing, sich zu übergeben. Irgendwie schafften wir es dann alle zusammen nach Hause.

Das große Erwachen kam ein paar Tage später, als meine Eltern mir sagten, wir seien im Club gesichtet worden – und so bekam ich Ausgehverbot und natürlich herrschte große Panik, ob meine Eltern es den anderen sagen würden. Eine Lehre war mir das leider nicht und ich habe meine Eltern ziemlich oft bezüglich meiner Partypläne belogen, obwohl sie eigentlich nicht übertrieben streng waren. Ich dachte wohl, es gehört dazu.

COUCHGEFLÜSTER-TIPPS FÜR EINE GLORREICHE PARTY-NACHT:

⭐ Vor der Party richtig zuschlagen: Pizza, Pasta, Burger – gönn dir! Die fetthaltige Kost verlangsamt zumindest gefühlt die Aufnahme von Alkohol im Blut.

⭐ Zwischendurch und vor allem vor dem Schlafengehen: Immer wieder Wasser trinken!

⭐ Verzichte auf Zigaretten. Die machen den Kater am nächsten Morgen meist noch schlimmer – und außerdem stinken sie ganz fürchterlich!

⭐ Sag „Nein" zu Shots! Zugegeben, eine Regel, an die sich kaum jemand hält. Aber denke an unsere Worte: Wenn jemand um drei Uhr morgens ruft: „Shots!", kannst du am nächsten Morgen mit dem Kater deines Lebens rechnen.

⭐ Niemals Freund*innen zurücklassen oder einfach gehen. Gib zumindest deinen besten Freund*innen Bescheid, wenn du sicher zuhause angekommen bist.

⭐ Abschminken! Deine Haut wird es dir in zehn Jahren danken.

... NICHT DARAUF WARTEN, DASS JEMAND DEIN TALENT ERKENNT

Wenn du jung bist, vielleicht gerade erst eine Ausbildung begonnen hast und noch ein paar Erfahrungen sammeln musst, bevor du die Spielregeln am Arbeitsmarkt kennst, wird man dich mehr als einmal für blöd verkaufen wollen. Glaub uns. Junge Menschen werden am Arbeitsmarkt als sowas wie lästige Kinder angesehen, denen man alles beibringen muss, die aber ruhig die Drecksarbeit verrichten dürfen.

Meine ersten Jobs bestanden darin, tagelang tausende Briefe zuzukleben, Getränke zu servieren, Büros zu organisieren, Akten zu ordnen, Texte zu schreiben (unter denen letztendlich ein anderer Name stand), ich bin für meine Kolleg*innen einkaufen gegangen, habe ihre Hunde ausgeführt und all das für teilweise sehr wenig bis gar kein Geld. Wenn du als junge Frau ins Berufsleben eintrittst, wirst du recht schnell merken, dass niemand, wirklich niemand, auf dich und deine Talente gewartet hat. Ganz egal, wie gut deine Noten in der Schule waren oder für wie viele Unikurse du dich in einem Semester angemeldet hast. Prinzipiell wird man als junger Mensch mies bezahlt, einfach nur deshalb, weil man jung ist. Schon klar: Natürlich muss man erst einmal Berufserfahrung sammeln und ja, es ist teuer, junge Menschen auszubilden und einzuschulen. Aber das ist noch lange kein Grund, sie auszubeuten.

Manche Praktika gleichen moderner Sklaverei. Das wurde mir klar, nachdem ich nach einem Redaktionspraktikum monatelang auf lächerliche 250 Euro „Aufwandsentschädigung" (für einen Monat Vollzeit-Hacke) warten musste, weil das Unternehmen nicht liquide war. Da ist mir endgültig der Kragen geplatzt. Bei einem Telefonat im Winter 2015 sagte mein Vater etwas zu mir, das ich mir bis heute gemerkt habe:

„Du hast doch einen Blog. Du schreibst über alles Mögliche. Über Lippenstifte und schlechte Dates und solche Sachen. Warum thematisierst du diese Ausbeutung durch Praktika nicht endlich?"

Und genau das tat ich dann auch. Ich setzte mich vor meinen uralten Laptop (was Neues konnte ich mir ja nicht leisten), drehte Taylor Swift bis zum Anschlag auf und schlug in die Tasten. Ja, das meine ich völlig ernst, ich prügelte meine Tastatur wirklich windelweich. Heraus kam ein stellenweise zynischer, sarkastischer und ehrlicher Text, der über Nacht einer der am meisten geteilten Texte auf Wordpress.com war und von zig Medien, wie *Huffington Post* und *Kurier,* zitiert wurde:

WENN DU ALS JUNGE FRAU INS BERUFSLEBEN EINTRITTST, WIRST DU RECHT SCHNELL MERKEN, DASS NIEMAND, WIRKLICH NIEMAND, AUF DICH UND DEINE TALENTE GEWARTET HAT. GANZ EGAL, WIE GUT DEINE NOTEN IN DER SCHULE WAREN ODER FÜR WIE VIELE UNIKURSE DU DICH IN EINEM SEMESTER ANGEMELDET HAST.

Gestatten, Sinah. 23 Jahre. Mit 5 eingeschult worden. 5 Jahre Handelsakademie. Ein Jahr beim Wirtschaftsstudium in Salzburg verschissen. 3 Jahre Studium der Publizistik- und Kommunikationswissenschaft, dieses Mal richtig. 2 Jahre währenddessen Vollzeit gearbeitet, meistens Praktika.

Jeden Sommer Ferialjobs. Meistens mehrere. Einigermaßen gutes Leben gehabt, viele tolle Menschen kennengelernt, immer mit Elan bei der Sache („Ganz oder gar nicht!"), immer motiviert. Jetzt stehe ich am Ende meines Studiums und frage mich, was das eigentlich alles soll. Familienbeihilfe gibt's demnächst nicht mehr, denn mit Anfang 23 ist schließlich jeder normale Mensch mit dem Studium fertig, oder nicht? Naja, da hab ich dann wohl zu lange herumgetrödelt, hätte vielleicht doch ins Gymi weitergehen sollen, vielleicht doch nicht Wirtschaft in Salzburg oder halt durchziehen (aber da waren einfach zu viele Louis-Vuitton-Taschen – und die waren ÜBERALL!), dann wäre ich jetzt mit 21 fertig, dann würd sich das mit dem Master und der Familienbeihilfe ausgehen, dann könnt ich mit 23 anfangen, mich selbst zu erhalten, hätte überhaupt keine Probleme mehr, außer vielleicht bisserl Burnout mit Anfang 30, aber das ist ja sowieso eine Krankheit, die nur „Pussies" haben und eingebildet ist sie dazu.

Wenn ich mit meiner Mama darüber rede (die während dem Studium gearbeitet und mich großgezogen hat – Bussi an dieser Stelle), schüttelt sie immer nur ungläubig den Kopf, schaut mich mitleidig an und sagt mir, dass alles gut wird. Tolle Mama eben. Aber ich mach mir trotzdem Sorgen. Lernen ist eine ziemlich anstrengende Sache und ein Studium kostet viel Geld. Sehr, sehr viel Geld. Und nein, ich glaube, die „wirtschaftliche Gesamtsituation" hat damit wenig zu tun. Auch meine Studienwahl nicht. Da breche ich auch die Lanze für ein oftmals unterschätztes Studium, weil's ein tolles Studium ist und das auch trotz der zahllosen Suderanten, die oft nur in der Bib sitzen, um Insta-Fotos mit ihren STEOP-Büchern zu machen (nobody cares about you, „studying"). Aber gut, aller Anfang ist schwer. Nur... so sehr am Anfang steh ich eigentlich gar nicht mehr.

Was mich jetzt im Nachhinein betrachtet aufregt, sind all die Unternehmen, die Leute Vollzeit für ein Arschloch-Drecks-Praktikumsgehalt arbeiten lassen und dann noch erwarten, dass man schön lächelt und Danke sagt. Ja, danke für nichts nämlich. (...)

Es tut mir in der Seele weh, wenn immer alles so lange scheiße laufen muss, bis es wieder einmal richtig knallt. Praktika sind nämlich eigentlich eine tolle Erfahrung. Und ich würde es auch jedem empfehlen, sich den Traumjob einfach mal 3-6 Monate anzuschauen. Aber eben weil es nur 3-6 Monate sind, sollte doch eine faire Bezahlung möglich sein. Von dem ein oder anderen Unternehmen würde ich nämlich schon ganz gerne wissen, warum meine Arbeit jetzt weniger wert war (ja, weiß schon, das ist sehr melodramatisch ausgedrückt – monetär gesehen ist es aber einfach eine Tatsache) als die der anderen. Und ich weiß auch nicht, inwiefern die Ausrede „Das Geld ist einfach nicht da" zählt. Das lasse ich mir noch von Kleinunternehmen sagen, aber die größten Medienunternehmen des Landes? Wirklich, ihr habt alle kein Geld? (...)

„Ja, aber dafür hat man doch Eltern!", das höre ich ganz oft. Ja, wofür hat man denn Eltern? Dafür, dass sie einen großziehen und nicht verrecken lassen, bevor man Verantwortung für das eigene Überleben tragen kann, meiner Meinung nach. Alles andere ist Bonus – und wer solche Eltern hat, hat echt Glück. Dieses Glück habe ich auch. Bin mir aber sicher, dass es nicht jeder Familie möglich ist, dem Kind ein Studium und Kenntniserwerb in Form von Gratisjobs zu finanzieren. Aber das mit den Praktika läuft so, wie's eben mit allem läuft, das mehr oder weniger gratis ist – es ist nichts wert.

Arbeit zu Dumpingpreisen, und alle machen mit: Erstens, weil man wirklich Panik hat, keinen Job zu finden, wenn man es nicht tut, und zweitens, weil man ja auch „irgendwas Cooles mit Medien" machen will. Ich sag euch, so lustig ist das eigentlich gar nicht, wenn man 50-60 Stunden die Woche in Arbeit und Ausbildung investiert und sich dann mit 23 eingestehen muss, dass man eigentlich doch ganz gern ein bisschen mehr Zeit, ein bisschen mehr Luft gehabt hätte, um sich überhaupt mal zu sortieren und zu checken, was man da eigentlich lernt. Eigentlich hatte ich mir das alles auch ganz an-

ders vorgestellt. Strebernd bis Schluss in der Bib zu sitzen, das kam mir fast romantisch vor. In der Praxis kann ich es an einer Hand abzählen, wie oft ich in der Bib war. Das Schlimme ist, ich kann nicht mal sagen, dass ich es jetzt anders machen würde. Weil auch ich einer dieser Schisser bin, die sich nichts sagen trauen, wenn's um so ein heikles Thema wie Praktika und Kohle geht. Ich nicke da meistens und sage, mich äußerlich freuend: „Ja, 400 Euro sind super! Vielen, vielen Dank!!". Großer Fehler, der auf meine Kosten geht und eigentlich auf Kosten aller jungen Menschen. Es gibt zwei Gründe, warum ich dann doch immer wieder solche Stellen angenommen habe: Erstens liebe ich es, zu arbeiten. Ja, wirklich. Da hat man weniger Zeit für Bullshit und dumme Jungs und mehr Zeit, um an den eigenen Skills zu arbeiten (...) und herauszu-finden, was einem taugt. Und zweitens hatte ich wirklich immer Glück mit den Kolleg*innen und eine echt gute Zeit. Aber das rechtfertigt noch immer keine beschissene Bezahlung. Sorry, das musste jetzt einfach mal gesagt werden.

Ich hab's jedenfalls verstanden: Junge Menschen sind kein Kanonenfut-ter. Sie sind motiviert, nicht vorbelastet, voller Erwartungen und ihr, die ihr da seit 1996 in eure ledernen Chefsessel furzt und von großen Visionen, Team-geist und Delegation redet und mit Wissen von eurem Wirtschaftsstudium aus den Siebzigern prahlt, ruiniert unsere Erwartungen an das Arbeitsleben. Wir sind nicht geldgeil, was vielleicht unser größter Nachteil ist. Wir wollen nur gute Arbeit leisten und uns dafür gelegentlich selbst belohnen können, ohne dass uns beim Blick auf unser Konto schlecht wird. Oder uns halt irgend-wie die Wohnung selbst zahlen können. Ein Universitätsstudium ist nämlich kein kostenloses Extra, das es obendrauf gibt. Zu Berufserfahrung, keinem Privatleben und absoluter Selbstaufgabe. FYI – Das volle Paket gibt's nämlich erst ab 1000 Brutto.

Bis heute wurde mein Blogbeitrag „Danke für (fast) nichts" milli-onenfach gelesen. Ein bisschen stolz bin ich immer noch, dass mein nächtlicher Rant solche Wellen schlug. Am nächsten Morgen wachte ich auf und sah, dass mein Handyscreen voll mit Nachrichten war. Ich konnte gar nicht bis zum Ende scrollen, so viele Benachrichtigungen waren da. Die kommenden Tage fühlten sich an wie im Ausnahmezustand: Ich wurde gelobt, bejubelt, gedisst, beschimpft, beleidigt, geteilt und durfte mir irgendwelche Meinungen von frustrierten, weißen Männern durch-lesen, die der Meinung waren, junge Frauen sollten froh sein, wenn sie überhaupt Geld verdienen. Es war auf jeden Fall irre und ich machte mir plötzlich ziemliche Sorgen um meine berufliche Zukunft: hätte ich doch ein paar Tage nach meinem viral gegangenen Beitrag eine (unterbezahlte) Stelle in einem Verlagshaus beginnen sollen.

Im Nachhinein hat mich diese Zeit aber viel gelehrt. Ich habe gelernt, dass ich Nerven aus Stahl habe, weil mich diese Mischung aus viralem Lobgesang und brutalem Shitstorm im Grunde ziemlich kalt ließ. Ich wollte einfach Dampf ablassen und hoffte, dass die richtigen Leute diesen Beitrag zu Gesicht bekommen würden. Ich habe auch gelernt, dass dir wirklich niemand freiwillig Geld anbietet und dass man (vor allem als Frau!) so früh wie möglich damit anfangen sollte, den eigenen Wert zu bestimmen. Versteht mich nicht falsch: Es ist wichtig, Einblicke in die Berufswelt zu bekommen, engagiert und zielstrebig zu sein, genau zu arbeiten und so viel wie möglich zu lernen. Aber bei manchen Jobs fragte ich mich ernsthaft, ob die Firmen einfach zu geizig waren, um eine zusätzliche Arbeitskraft einzustellen und sich stattdessen mit „billigen" Praktikant*innen behalfen (Spoiler: Ja, tun sie). Außerdem muss man sich darüber klar werden, dass nicht jeder Mensch es sich leisten kann, überhaupt ein Praktikum zu absolvieren. Ohne die Unterstützung meiner Eltern hätte ich diese Zeit niemals überbrücken können. Ich hätte mir diesen Job einfach nicht leisten können – seht ihr, wie viel an diesem Satz falsch ist? Praktika, gerade im Medienbereich, werden häufig von eher wohlhabenden Menschen absolviert, die die Kohle scheinbar nicht nötig haben. Lohndumping ist die Folge, und dass Journalismus, PR und Co. Berufsfelder sind, die ausschließlich von *(weißen)* Elitenkindern bekleidet werden. Gerade im Journalismus darf und soll das nicht der Fall sein. Journalismus darf kein Elitenberuf sein. Und auch allen anderen Branchen täte Vielfalt gut.

Wenn du also demnächst ein Bewerbungsgespräch hast, dann informiere dich genau über das durchschnittliche Gehalt für deine Position im Branchenvergleich.

WENN DU DEMNÄCHST EIN BEWERBUNGSGESPRÄCH HAST, DANN INFORMIERE DICH GENAU ÜBER DAS DURCHSCHNITTLICHE GEHALT FÜR DEINE POSITION IM BRANCHENVERGLEICH. AUCH, WENN DU BERUFSEINSTEIGER*IN BIST. TRAU DICH, DEIN GEHALT ZU VERHANDELN.

Auch, wenn du Berufseinsteiger*in bist. Trau dich, dein Gehalt zu verhandeln. Schlage immer zehn bis zwanzig Prozent auf deine eigentliche Gehaltsforderung drauf, das ermöglicht dir Handlungsspielraum. So hat dein*e potenzielle Chef*in dann letztendlich immer noch das Gefühl, dich heruntergehandelt zu haben. Gehaltsverhandlungen erfordern Taktik, Selbstsicherheit, Strategie, eine Spur Dreistigkeit und vor allem: viel Glauben an dich selbst.

Das allerwichtigste Learning ist aber: Entschuldige dich nicht für deinen Erfolg, deinen Ehrgeiz und deine Ambitionen. Gerade hochqualifizierte Frauen leiden häufig an etwas, das man in der Psychologie „Hochstapler-Syndrom" (englisch: *Impostor Syndrome*[6]) nennt: Frauen, die besonders erfolgreich sind, schreiben ihre Positionen nicht selten irgendwelchen Umständen und Zufällen zu. Sie bezweifeln ihre eigenen Qualifikationen und Erfolge und leben in ständiger Angst, als Hochstaplerinnen enttarnt zu werden.

Deshalb: Glaube an dich, auch wenn Ängste dich verunsichern wollen. Versuche, diese Stimme im Kopf auszublenden, die dir einreden will, dass du nicht gut genug bist. Halte dir ständig vor Augen, dass du zwar nicht perfekt bist (niemand ist das), aber stets dein Bestes geben und bemüht sein wirst, zu lernen. Gönne dir deine Erfolge und hänge ein verdammtes Preisschild an deine Fähigkeiten.

WHAT LEONIE SAYS

JETZT BIN ich über 30 Jahre alt und stehe wieder da, wo ich mit Anfang 20 war: Ich bin auf Praktikumssuche. Für meine therapeutische Ausbildung brauche ich ein Praktikum. Gesucht, gefunden – und mit Schrecken festgestellt, dass ich für meine Arbeit dort 2,40 € netto die Stunde bekomme. Wer kann davon leben? Ich müsste über 70 Stunden die Woche arbeiten, nur um meine Miete bezahlen zu können. Da ist noch nicht einmal Essen oder was man sonst so zum Leben braucht miteingerechnet. Traurig, dass sich an diesen Verhältnissen nichts verändert hat.

Mein Glück ist, dass ich selbstständig bin, neben meinem Praktikum noch meinem Day-Job nachgehen und mir so meinen Praktikumsplatz finanzieren kann. Dieses Privileg haben nicht viele.

Leider habe ich aber auch mit Irritation und Erstaunen festgestellt, dass vor allem Menschen meiner Generation es den Nachfolgenden nicht einfacher machen wollen.

„Wir haben ja auch schon gratis gearbeitet, also sollen sich die Jungen nicht so anstellen." Dieser Satz fiel sehr oft, auch: „Was heißt Work-Life-Balance, lernt mal arbeiten." Ernsthaft, was ist das Ziel – sich strategisch zu einem Burnout vorzuarbeiten? Wer gewinnt da? Wahrscheinlich nur ein paar wenige, die ganz oben an der Spitze stehen. Vielleicht sollten wir uns es nicht gegenseitig noch schwerer machen.

LIFE LESSONS

DU WIRST DIE Art von Fehler machen, über die du schon am nächsten Morgen lachen kannst, und du wirst die Art von Fehler machen, die dir beim bloßen Gedanken daran einen kalten Schauer über den Rücken jagen werden. Wir alle haben Krisen, peinliche Fauxpas, große Gefühle und furchtbaren Schmerz erlebt. Nichts davon bleibt für immer. Was aber bleibt, sind die Lehren, die man daraus zieht.

WIE DU EINE BEZIEHUNG BEENDEST

Eine Beziehung oder ein Gspusi zu beenden, kann für den- oder diejenige*n, der diese Konsequenz ziehen will, mindestens so emotional belastend sein wie für die verlassene Person. Trotzdem ist es wichtig, zu sich selbst zu stehen und diesen Schritt zu gehen, wenn du keine gemeinsame Zukunft mehr mit dieser Person siehst.

Es gibt vielleicht nicht *die* richtige Art und Weise, um mit jemandem Schluss zu machen. Aber um es mit den Worten Carrie Bradshaws zu sagen: „It doesn't include a Post-it!" Via SMS, WhatsApp oder Anruf Schluss zu machen, ist nicht unbedingt die feine Art. Vielleicht willst du es aber trotzdem einfach hinter dich bringen und das ist völlig in Ordnung, aber in jedem Fall solltest du versuchen, ein Mindestmaß an Anstand zu bewahren und auf Schuldzuweisungen, Beschimpfungen und andere Gemeinheiten zu verzichten. Du hast betrogen und möchtest ihm nur eins auswischen? Überlege gut, ob es wirklich nötig ist, dieses Detail beim Schlussmach-Gespräch zu erwähnen – vor allem, wenn die Person versucht hat, alles richtig zu machen.

Wann solltest du Schluss machen?

- Wenn du das Gefühl hast, dass eure Werte nicht im Geringsten übereinstimmen.

- Wenn deine Bedürfnisse ständig ignoriert werden.

- Wenn du dir keine Zukunft mit diesem Menschen vorstellen kannst.

- Wenn ihr zwei völlig unterschiedliche Leben leben wollt und keinen Weg findet, eure individuellen Lebenspläne und Wünsche zu vereinen.

- Wenn du in irgendeiner Art und Weise Gewalt oder massive Einschränkungen deiner Freiheiten erfährst, wenn deine Person, deine Freund*innen, deine Arbeit oder deine Familie nicht respektiert und geachtet werden.

Wie solltest du Schluss machen?

- Im Idealfall nicht bei dir oder der anderen Person zuhause. Der Ort des ernsten Gesprächs wird sonst für beide einen äußerst bitteren Nachgeschmack haben. Versuche, einen neutralen, ruhigen Ort zu wählen. Am besten einen öffentlichen Park, der zumindest ein gewisses Maß an Privatsphäre bietet.

- So schwer es auch ist: Versuche, unnötige Schuldzuweisungen und Beleidigungen zu unterlassen. Ihr werdet vermutlich nicht als Freund*innen auseinandergehen, aber völlig verbrannte Erde tut beiden nicht gut und kostet nur unnötig Energie, Zeit und Nerven.

- Mit Entschlossenheit. Vor allem, wenn die Trennung nur einseitig gewollt wird, wird die andere Person versuchen, dich zu überzeugen: „Jetzt wird alles anders... Ich ändere mich, versprochen... Gib uns noch eine Chance..." werden Aussagen sein, die du vermutlich hören wirst. Wenn du dir deiner Entscheidung sicher bist, dann gehe diesen Schritt selbstbewusst und lass dich nicht bekehren.

Vor dem Schluss machen ist nach dem Schluss machen - Dinge, die du nach dem Schlussmachen nicht tun solltest:

1. Bloß nicht stalken!

Egal, ob du gerade Schluss gemacht hast oder mit dir Schluss gemacht wurde, du solltest die andere Person auf keinen Fall stalken. Im Stundentakt WhatsApp, Instagram und Co. zu checken und den/die Ex mit Nachrichten zu bombardieren macht dich nur wahnsinnig und verhindert, dass du selbst einen adäquaten Abschluss finden kannst.

2. Keine Dramen

Drama lässt sich beim Schlussmachen nicht vermeiden. Aber ist es wirklich nötig, dass du in einer Nacht-und-Nebel-Aktion all die Geschenke zurückforderst, die du in fünf Jahren Beziehung hergeschenkt hast ...?

3. Nicht versuchen, Verbündete im falschen Kreis zu finden

Es ist nur verständlich, dass man sich in so einer Situation Beistand wünscht. Aber von den Freund*innen und der Familie deines/deiner Ex kannst du keine Solidarität erwarten. Weine dich lieber bei Menschen aus, die zu hundert Prozent auf deiner Seite sind und keine Loyalitätskonflikte ausfechten müssen.

4. Keine Bloßstellungen

Vielleicht wirkt es verführerisch, den betrügerischen Ex auf Instagram zu outen. Mach es besser nicht. Diskussionen über Social Media und öffentliche Schmähungen bringen keinem was!

5. Die alten Zeiten nicht romantisieren

Wehmut beim Abschied ist völlig normal. Aber das Schwelgen in Erinnerungen kann tückisch sein. Zum Beispiel dann, wenn du sie romantisierst. Dann kommen zweifelsohne Fragen auf wie: „Habe ich wirklich die richtige Entscheidung getroffen?" – und das verunsichert dich selbst noch mehr. Bewahre schöne Erinnerungen und nimm dir alle Zeit, die du brauchst, um eine Trennung zu verarbeiten, aber versuche, die Beziehung oder deine*n Ex nicht zu idealisieren. Es gibt einen guten Grund dafür, warum ihr ab nun getrennte Wege gehen werdet.

SCHLUSS MACHEN ist nie schön. Irgendwer ist immer verletzt und meistens sogar beide. Man kann es wie ein Schlachtfeld sehen, aber gibt es im Krieg denn jemals wirklich Gewinner*innen?

Als ich vor Jahren eine Beziehung beendet habe, weil ich keine Zukunft mit dem Mann gesehen habe, war es das Schlimmste für mich, ihm immer wieder klarmachen zu müssen, dass das nicht mehr klappt mit uns. Am Ende wurde ich als Hexe und noch Schlimmeres beschimpft, und auch sein Freundeskreis kam immer wieder auf mich zu und meinte, dass das total scheiße von mir sei. Ich wollte keine schmutzige Wäsche vor ihnen waschen und schwieg, ertrug Liebeskummer, obwohl ich diejenige war, die es beendet hatte. Im Nachhinein muss ich sagen: Es war hart, aber es wurde nicht unnötig Leid produziert.

Denn die wohl schmerzhafteste Trennung war jene, die gefühlt kein Ende nahm. Wo immer wieder Nachrichten kamen, der Versuch einer Freundschaft im Raum stand, der damit endete, dass man doch noch einmal Sex hatte. Wo jedes „Ich vermisse dich" mit einem „Ich dich auch" beantwortet und die Tür nie ganz zugemacht wurde. Am Ende zog ich selbst einen endgültigen Schlussstrich. Irgendwann ist der Schmerz so groß, dass man nur mehr will, dass es aufhört. Bis dieser Punkt erreicht ist, kann es lange dauern. Deswegen hör nicht auf so Sätze wie „Meld dich nie wieder bei ihm/ihr". Wir wissen doch eh, dass du nicht drauf hören wirst, bis du selbst an diesem Punkt bist, und das ist in Ordnung. Es gibt immer jemanden, für den man seine Grenzen übertritt. Aber wenn du sie nie übertrittst, weißt du auch nicht, wo deine Grenzen sind.

Mein Fazit: Egal, ob du Schluss machst oder mit dir Schluss gemacht wurde, es gibt immer diesen Moment, in dem du denkst: War es die richtige Entscheidung? Ist die Person nicht alles, was ich will? Und das willst du dann vielleicht kommunizieren. Tu es nicht. Schreib all deine Gefühle auf – und verbrenn den Brief. Schreib eine Hassliste mit all den Sachen, die du am anderen nicht mochtest. Gehe jede Phase durch, auch wenn du selbst Schluss gemacht hast: Verdrängung, Trauer, Wut, Verhandlung usw. Rückblickend kann ich nur sagen, dass es schwer ist, mit Würde aus einer Trennung herauszugehen, aber versuche es trotzdem. Es ist möglich.

FILM-TIPPS FÜR FRISCH GETRENNTE

★ *Was das Herz begehrt:* Diane Keaton als zugeknöpfte Erica Barry in Nancy Meyers Komödie dabei zuzusehen, wie sie über ihren eigenen Schatten springt und Playboy Harry Sanborn (Jack Nicholson) in ihr Höschen und ihr Herz lässt, ist einfach nur grandios. Das Learning: Auch mit 60+ ist es möglich, die große Liebe zu finden. Auch wenn wir nie ganz nachvollziehen konnten, warum sie den süßen Arzt Julian Mercer (Keanu Reeves) verschmäht hat…

✦ *Natürlich Blond (Teil 1):* Niemand hätte Elle Woods je zugetraut, an der Harvard Law School angenommen zu werden. Doch die Queen hat nicht nur Kurven, sie hat auch noch Grips. Und das sieht ihr Ex Warner leider etwas zu spät… Geballte Girly-Power trifft auf 2000er-Ästhetik: Was will man mehr?

✦ *Magic Mike XXL:* Dabei zuzusehen, wie Channing Tatum sich die Kleider vom Leib reißt, ist sicher tausendmal besser als der vermutlich schlechte und traurige Rebound-Sex, den du mit diesem Typen aus der Bar haben wirst, der dich eh nicht hundertprozentig antörnt. Überspringe diesen Teil deshalb lieber gleich und geh mit Channing ins Bett. Oder mit irgendeinem anderen Film, in dem man halbnackten Männern dabei zusehen kann, wie sie … eben einfach nackt sind.

★ *Der Club der Teufelinnen:* Diane Keatons Schlagfertigkeit ist wie die Kombination aus Pizza, heißer Schokolade und Sedativa, die du nach einer Trennung so dringend brauchst. Tauche ein in dieses 1996 erschienene Meisterwerk und lass dir von Brenda, Elise und Annie zeigen, wie wichtig wahre Freundschaft ist – und warum man keine Männer braucht, um glücklich zu sein.

✦ *How To Be Single:* Du bist auf der Suche nach etwas Leichtem, das dich von ständigem Herzschmerz ablenkt? Rebel Wilson wird dich zum Lachen bringen, oder zumindest zum Schmunzeln. „How To Be Single" ist vielleicht kein intellektueller Hochgenuss, aber der Film hilft dabei, für einen kurzen Moment, den Schmerz zu vergessen und ermutigt dich dazu, fortzugehen und das frische Single-Leben auszukosten.

GESTRANDET AUF FUCKBOY ISLAND

Du weißt, dass du auf Fuckboy Island gestrandet bist, wenn du um Mitternacht dasitzt, auf einen leeren Handyscreen schaust und hoffst, dass da endlich die befreienden Worte „1 ungelesene Nachricht" stehen.

Und tief in dir hasst du dich dafür, dass du wieder den süßen Worten eines Fuckboys mehr Glauben geschenkt hast als deinem Bauchgefühl. Du hasst alles daran: das „Ich hab's dir ja gesagt" deiner besten Freundin, genau so wie die unzähligen Minuten, Stunden, Tage, die du auf ein Lebenszeichen von ihm gewartet hast. Wie oft hast du deine Inbox ge-checkt, geschaut, wann er online war, Instagram-Stories gemacht, nur damit er sie endlich sieht.

Und dennoch liegst du nun da, im Ungewissen, ob er gelogen hat, als er meinte, du seist unfassbar süß und schön.

Nein, er hat nicht gelogen: Du bist unfassbar süß und schön. Nur er eben nicht.

Das, was er macht, gehört zu den schlimmsten Schattenseiten des Datings. Und egal, wie oft man sich schwört, man würde nicht mehr auf Fuckboy Island landen, so verlockend ist die Auszeit vom schnö-den Alltag, die er dir verspricht. Er repräsentiert genau das, von dem Märchen uns jahrelang einreden wollten, dass wir es brauchen würden: einen Prinzen, der uns in ein Abenteuer entführt. Und Märchen erzäh-len und Abenteuer planen, das können Fuckboys perfekt.

Die tiefen Blicke, das verschmitzte Lächeln, ein Charme, der die Knie weich werden lässt und dich alles um dich herum und auch alle Vorsicht vergessen lässt: Fuckboys machen aus einfachen Dates Er-lebnisse. Es ist ein Wagnis mit ihnen und wir wollen mutig sein – vor

allem wollen wir glauben, dass wir sie zähmen können. Wir lassen uns verzaubern, weil uns diese Jungs aus unserer Routine entführen, aus unserem Alltag.

Fuckboys regen die Fantasie an. Bringen uns zum Träumen. Wohin wir wohl mit ihm auf Urlaub fahren würden? Wie wohl Dieses und Jenes aussehen würde, wenn er in unserem Leben wäre? Aber auch darüber nachzudenken, wieso er sich nicht meldet, lässt uns oft den schnöden Alltag vergessen und manche Freundschaften bestehen nur noch aus Gesprächen darüber, wie scheiße doch die Liebe gerade ist.

Der King of Fuckboy Island in meinem Leben war jemand, vor dem mich mein Bauchgefühl von Anfang an gewarnt hatte. Beim Swipe nach rechts auf Tinder meldete es sich schon. Denn die Tinder-Biografie klang nach all dem, was ich hören wollte:

„lieber VW Bus als Hotel
lieber reisen als zuhause bleiben
lieber bunt als schwarzweiß"

Mein Herz schrie förmlich nach derartiger Ablenkung, mein Bauchgefühl sagte nur: Wenn das mal nicht in einer Katastrophe endet. Wir verabredeten uns zu einem Date und er überraschte mich mit Sekt und Sushi. Man muss dazu sagen, es war Winter 2020 und Dates sehen in Pandemie-Zeiten normalerweise recht langweilig aus: Man spaziert für Stunden durch die Stadt, ohne genaues Ziel und zu allem Überfluss durfte damals auch kein Alkohol in Form von Punsch oder Glühwein verkauft werden. Also war dieses Date schon etwas Besonderes.

Er war etwas Besonderes. Ich mochte alles an ihm, wie er redete, was er sagte. Er war ein Freigeist und hatte dennoch klare Ziele im Leben, ich fühlte mich wohl. Denn was er sagte, passte zu dem, wie ich die Welt sah oder sehen wollte. Die Geschichte endete aber leider so, wie es mir mein Bauchgefühl von Anfang an vermittelt hatte: nicht gut.

Vor dem ersten Mal Sex meinte er, dass er ungern so früh mit Frauen schlafe, weil er sonst das Interesse verliert. Diese wunderschöne, gut sichtbare Red Flag habe ich gekonnt ignoriert, denn ich dachte mir: Was soll's. Es kam, wie es kommen musste: Er meldete sich nicht. Aber dafür ich.

DIE TIEFEN BLICKE, DAS VERSCHMITZTE LÄCHELN, EIN CHARME, DER DIE KNIE WEICH WERDEN LÄSST UND DICH ALLES UM DICH HERUM UND AUCH ALLE VORSICHT VERGESSEN LÄSST. FUCKBOYS MACHEN AUS EINFACHEN DATES ERLEBNISSE.

Es war auch nicht so, dass er sich gar nie meldete – aber er ließ sich stets sehr viel Zeit. Man merkte einfach, seine Priorität war nicht die Kommunikation mit mir. Aber ich spielte mit. Es wurde zu einem Spiel, in dem nur er die Regeln kannte. Deshalb fragte ich Freundinnen um Rat, wie ich denn vorgehen sollte. Eine meinte: Lass dir immer genau so viel Zeit wie er mit der Antwort. Gesagt, getan. Es führte dazu, dass unsere Unterhaltung fast einschlief. Also holte ich mir wieder Rat: Schick ihm ein sexy Foto, was genug anteast, aber nicht zu viel verrät. Was folgte, war wohl das eindeutigste Zeichen, dass ich auf Fuckboy Island gelandet war, denn mir wurde sofort geantwortet und plötzlich konnte der junge Herr schreiben wie Goethe, Schiller und Shakespeare gemeinsam. Es folgte eine Ode an meinen Körper und dass er gerne mehr sehen würde. Aber auch sonst! Meine Art, mein Wesen, so wunderbar und was wir nicht alles machen könnten!

Eigentlich hätte ich es an diesem Punkt auf sich beruhen lassen sollen, aber mir gefielen all die schönen Worte, die Träume, die er in mir auslöste, und vor allem gefiel mir, dass er mich vom Lockdown ablenkte.

Die Euphorie nach dem Foto verebbte leider so schnell wie sie gekommen war. Er meldete sich kaum von selbst, hatte immer super viel zu tun. Ich ließ ihn gewähren, weil ich mir zunächst einredete, dass ich mir nichts erwartete. Das war auch der höchst offizielle Plan, den ich mit meiner Freundin besprochen hatte: einfach nur genießen. Natürlich war mir klar, dass nicht alles perfekt lief, man darf aber ja noch Spaß haben, oder? Ja, ein legitimer Grund.

Nur, was Fuckboys von anderen Dates unterscheidet, ist, dass sie spielen – und das perfekt. Sie spielen Beziehung, aber sobald du sie drauf ansprichst, verschwinden sie und kommen erst dann wieder, wenn sie Bock auf Sex haben – oder sie verschwinden gänzlich, weil sie jemand anderen gefunden haben als Publikum für ihr wunderbar einstudiertes Theaterstück.

Ein Beispiel gefällig? Nach einem ganzen Tag im Bett mit Sex, Essen bestellen, Serien schauen, reden und lachen war in mir der innigste Wunsch da, dass dies nicht enden soll. Nie mehr. Ich schlug vor, dass ich doch mal für ihn kochen könnte, wenn er die nächsten Tage so viel zu tun hätte. Und da war es, das Bauchgefühl, das laut protestierte, das Herz, das bangte und hoffte, und sein Blick, der alles sagte. Er brauchte die Worte nicht auszusprechen, denn ich wusste bereits, was kommen würde: „Mir geht das alles zu schnell… Du solltest dich nicht auf mich fokussieren… Ich will dich nicht traurig machen, aber…"

Als wir uns verabschiedeten, sagte ich auch Fuckboy Island wieder Adieu. Denn ich wusste, dass mein Kurzurlaub mir zwar über die Einsamkeit des Lockdowns hinweggeholfen hatte, aber auf lange Sicht würde ich noch unglücklicher werden. Als ich die Tür hinter mir schloss, blieb dennoch die Frage: Wird er sich nochmal melden? Das ist das Problem mit Fuckboy Island. Auch wenn du gehst, die Jungs senden immer wieder Signale von der Insel.

Eine Sache muss ich noch loswerden: Es ist leider nicht so, dass nur, weil du Mr. XY aus deinem Leben streichst, alle Gefühle verfliegen. Oft genug bleiben sie noch eine Weile, aber irgendwann lernst du, damit umzugehen. Ich mag bis heute meinen Mr. VW-Bus-Anti-Hotel, aber ich habe erkannt, dass er mich nie als die Frau gesehen hat, die ich bin und mich sowieso nie so wertgeschätzt hätte, wie ich es verdiene.

Ich bin ihm nicht böse, denn er war immer ehrlich zu mir. Er hat nie gesagt, dass er eine Beziehung will, sondern hat sich alles offengelassen – und mir mit diesem Verhalten klar gemacht, was ich nicht mehr suche. Denn ich will einen Mann, der weiß, was er will und mit wem.

Aber noch viel mehr hat er mir gezeigt, welcher Mensch *ich* sein will. Nämlich einer, der solchen Typen nicht hundert Chancen gibt, sondern Nein sagt. Also: Danke, Mr. VW-Bus-Anti-Hotel. Ohne dich hätte ich nicht erkannt, dass es an mir liegt, das Narrativ zu ändern. Spät, aber doch. Eigenverantwortung: Es ist nicht immer leicht, sie wahrzunehmen. Aber es tut gut, wenn man Fuckboy Island schlussendlich doch „Adieu" sagt.

DAS IST DAS PROBLEM MIT FUCKBOY ISLAND. AUCH WENN DU GEHST, DIE JUNGS SENDEN IMMER WIEDER SIGNALE VON DER INSEL.

WHAT SINAH SAYS

WENN DU Spaß und Abenteuer suchst, dir aber darüber im Klaren bist, dass vielleicht nichts Ernstes draus wird, dann kannst du auf Fuckboy Island richtig viel Spaß haben. Hol dir eine kühle Margarita von der Bar und genieß die Show, Baby! Aber belüge dich nicht selbst. Es muss dir klar sein, dass es Menschen gibt, die sich selbst die nächsten sind. Sie wollen ihren Spaß, und den kriegen sie auch. Wenn du das Gefühl hast, doch nicht ganz der Typ für diese Art von Unverbindlichkeit zu sein, dann ist Fuckboy Island vermutlich nicht der richtige Ort für dich. Am besten buchst du den ersten Flug zurück in die Realität.

Daran erkennst du einen Fuckboy:

Wenn sich jemand nicht meldet, dann hat er kein Interesse. Wir kennen das alle: Wenn wir etwas unbedingt wollen, bleiben wir dran und antworten nicht erst fünf Tage später auf eine Nachricht. Wenn dein Liebster also stets fünf Werktage für eine Antwort braucht oder sich ausschließlich zu sehr später Stunde meldet, bist du wohl auf Fuckboy Island gestrandet.

Ihr verabredet euch, aber er taucht nicht auf. Wir kennen es alle: Das endlose Warten auf Fuckboys. Worte sind keine Taten, da mag er noch so viel Süßholz raspeln. Nicht aufzutauchen, wenn man sich verabredet, ist eine Red Flag. Genauso auch mehrmaliges sowie kurzfristiges Absagen. Deine Zeit ist wertvoll und du solltest sie nicht mit einem Menschen verschwenden, der dich nicht zu schätzen weiß.

Er interessiert sich am allermeisten für sich selbst. Das Wohlbefinden von seinem Gegenüber interessiert ihn nicht so sehr wie sein eigenes, auch wenn man anfangs das Gefühl hat, dass die Gespräche etwas Besonderes sind. Am Ende merkt man, dass jedes Gespräch mit ihm lediglich seiner Selbstinszenierung diente.

Sexting. Nichts gegen Sexting, aber bei Fuckboys geht es sehr schnell in diese Richtung. Natürlich weißt du, dass dir seine Aufmerksamkeit damit sicher ist, weshalb du, um überhaupt mal wieder was von ihm zu hören, hin und wieder ein sexy Bild verschickst. Interessant, dass er bei sexy Inhalten keine fünf Tage braucht, um sich zu melden – oder...? Red Flag!

An seinen Emojis. Zwinkersmileys sind das ultimative Fuckboy-Indiz. In 99,9 % aller Fälle hast du es mit einem Fuckboy zu tun, wenn er hauptsächlich über Zwinkersmileys, Melanzani-, Wassertropfen- und Pfirsich-Emojis kommuniziert.

Du bist nicht allein. Denn Exklusivität ist für ihn ein Fremdwort. Auch wenn er dir das Gefühl gibt, die Einzige zu sein, erreichen dich plötzlich Hiobsbotschaften á la „Ich hab dein Gspusi grad auf Tinder gesehen". Klar löscht nicht jeder Dating-Apps nach dem ersten Kennenlernen, aber wenn er sich weigert, über euren Status zu reden, kannst du dir sicher sein, dass da auch andere sind.

Die böse Ex ist Schuld. Warum ist er so verkorkst, fragst du dich. Er wird dir sicherlich eine dramatische Geschichte aus der Vergangenheit erzählen, mit der er sein Verhalten rechtfertigen will. Er kann Frauen wegen seiner Ex nicht mehr vertrauen und, und, und. Meistens liegt der Hund woanders begraben, zum Beispiel bei seinem geringen Selbstwert, den er durch seine „Ich-kann-alle-haben"-Aktionen aufzubauen versucht.

„Ich bin noch nicht bereit für eine Beziehung, ich möchte dich nicht verletzen." Aber mit Sex hat er kein Problem? Klassischer Fuckboy-Move. Wenn man schon das Gefühl hat, den anderen zu verletzen, wieso will man die Situation mit Sex verschlimmern? Ist das egoistisch? Ja, ziemlich. Spricht die Bindungsangst aus ihm? Nein, er ist einfach nur ein Arsch.

Mixed Signals. Allein wenn dich jemand mit gemischten Gefühlen zurücklässt und du weißt, dass du diese nicht offen ansprechen kannst, dann lass es besser.

Der wohl wichtigste Tipp: Behandle jemanden, den du datest, nicht anders als deine Freund*innen. Fändest du es cool, wenn sie sich nur um zwei Uhr nachts melden würden? Fändest du es in Ordnung, wenn sie nicht auftauchen, obwohl ihr euch was ausgemacht habt? Wenn sie dir sagen würden: Ich will dich nicht verletzen – aber ihre Taten genau das tun? Warum behandeln wir Fuckboys als wären sie etwas Besseres? Sie haben diese Narrenfreiheit wahrlich nicht verdient.

DER ULTIMATIVE FUCKBOY-TEST

1. Meldet er sich maximal einmal am Tag bei dir, obwohl er ständig auf WhatsApp online ist? **JA / NEIN**
2. Meldet er sich meist nur nach 22 Uhr oder nachts? **JA / NEIN**
3. Musst du länger als drei Stunden auf eine Antwort warten? **JA / NEIN**
4. Sagt er spontan Treffen ab? **JA / NEIN**
5. Stellt er dir hauptsächlich Fragen wie „Was hast du an?" und „Was machst du heute Abend noch?" **JA / NEIN**
6. Versteckt er dich vor seinen Freund*innen/vor seiner Familie? **JA / NEIN**
7. Scheint er wenig interessiert daran, deine Freund*innen/Familie kennenzulernen? **JA / NEIN**
8. Macht er dir Komplimente, die hauptsächlich deine Augen, deine Brüste, deinen Arsch oder deine Haare betreffen? **JA / NEIN**
9. Sagt er dir selten bis nie, dass er dich mag? **JA / NEIN**
10. Hat er schon öfter erwähnt, dass du dich nicht auf ihn einlassen sollst, dass er nichts Festes will, dass er Angst vor Beziehungen hat…? **JA / NEIN**
11. Hat er dich schon jemals nackt oder beim Sex fotografieren wollen? Oder fordert er, dass du ihm ständig Nudes schickst? **JA / NEIN**
12. Folgt er vielen halbnackten Instagram-Models? **JA / NEIN**
13. Schreibt oder trifft er sich noch mit anderen? **JA / NEIN**

Wenn mehrheitlich Nein:

GIVE THIS GUY A CHANCE!

Wenn mehrheitlich Ja:

LET THE MAN GO!

DAS DATING-GAME GENIESSEN

„Was würdest du machen, wenn ich dir jetzt sage, dass du nie mehr in deinem Leben einen Partner haben wirst?", fragte mich meine Freundin, als wir durch die Stadt spazierten. Ich musste schlucken. Aber mein erstes Gefühl war Erleichterung. Sehr viel Stress würde wegfallen. Klar würde da auch ein wenig Wehmut mitschwingen. Zu wissen, dass da nie eine stabile Bindung sein wird mit einem Partner. Aber das eine schließt so vieles nicht aus: Liebe, Freundschaft, Sex oder Kinder.

Oft verspüren wir den großen Druck, „den/die Partner*in" finden zu müssen. Wenn ich die Gewissheit hätte, nie mehr eine Beziehung zu führen, könnte ich befreiter mit dem Thema umgehen. Denn ich merke, wie sich mein Handeln oft danach richtet. Gedanken, Gespräche, sie kreisen um dieses Thema.

Oft vergessen wir darauf, das Dazwischen zu schätzen. Als Frau Sex zu genießen, ohne in einer festen Beziehung zu sein, fällt vielen schwer, weil wir dazu sozialisiert wurden, Bindungen aufzubauen und zu pflegen. Uns wurde oft von klein auf erklärt, dass zum Sex immer auch Liebe gehört. Natürlich ist das schön, keine Frage, aber es gibt auch reine sexuelle Begierde, die wenig mit Liebe zu tun hat. Das heißt nicht, dass man sich dieser hingeben muss, aber sie existiert und an ihr ist nichts Falsches. Aber es zeigt sich sogar in Horrorfilmen. Oft ist das erste Opfer eine Frau, die sexuell aktiv ist. Diejenige, die überlebt, ist meist die, die sich keusch verhalten hat und unschuldig wirkt. So etwas prägt.

Es gibt kein richtig oder falsch, wenn es um Wünsche im Bezug auf Bindung und Liebe geht. Aber ist der Gedanke, dass da draußen ein*e fixe*r Partner*in sein muss, nicht auch hinderlich? Nur mal ein Gedankenspiel: Was löst der Gedanke bei dir aus, nie wieder eine Beziehung zu haben oder haben zu müssen?

Meinem Dating-Game haben diese Überlegungen sehr geholfen. Denn ich glaube, wenn man sich zu verbissen diesem Thema widmet, bleibt einem die Freude daran erst recht verwehrt. Stattdessen habe ich für mich definiert, mit welcher Art von Menschen ich mich umgeben möchte. Was will ich auf einem Date erleben?

Diese Frage hat dazu geführt, dass meine Dates an Qualität gewonnen haben. Ich konnte sie anders genießen. Ich habe mein Gegenüber nicht mehr sofort als potenzielle*n Partner*in gesehen, auch wenn mir wichtig war und ist, dass unsere Wertvorstellungen harmonieren. Aber im Vordergrund stand für mich nun: Ich will eine schöne Zeit mit meinem Date haben. Spoiler-Alarm: Durch meine entspanntere Einstellung kam es viel häufiger dazu, dass mein Gegenüber mehr Interesse entwickelt hat.

Dazu kam natürlich auch, dass ich sehr klar in der Auswahl meiner Dates war. Wenn ich merkte, dass jemand Fuckboy-Tendenzen hatte, schoss ich ihn sofort in den Wind. Wenn ich mir bei einem Verhalten meines Dates unsicher war, ob ich es gut fand, stellte ich mir zwei einfache Fragen: Wie handle ich in solchen Situation und toleriere ich dies bei meinen Freund*innen? So selektierte ich recht schnell.

ES GIBT KEIN RICHTIG ODER FALSCH, WENN ES UM WÜNSCHE IM BEZUG AUF BINDUNG UND LIEBE GEHT.

Ach ja, wo habe ich selektiert? Auf Dating-Apps natürlich. Apropos: Deren Ruf ist schlechter, als sie in Wahrheit sind. Die Sozioökonomin Gina Potarca von der Universität Genf hat sich mit der Thematik beschäftigt und fand heraus, dass Menschen, die über Dating-Apps zusammenfinden, motivierter sind, Partnerschaften einzugehen.

Die Bereitschaft, dass diese langfristig sind und/oder vor dem Traualtar enden, ist gleich hoch wie bei jenen, die auf „analogem" Wege zu ihren Partner*innen fanden. Spannend ist, dass die sozio-kulturellen Zusammensetzungen der Paare, die sich online kennenlernen, gemischter sind. Auch irgendwie logisch[7]. Denn man swipet außerhalb der eigenen Bubble. Und das kann unfassbar bereichernd fürs eigene Leben sein.

Genau das war der Grund, weshalb ich gerne Dating-Apps genutzt habe. Ich arbeite als Selbstständige fast durchgehend allein, in einem Metier, in dem fast nur andere Frauen tätig sind. Also fiel die Partnersuche im beruflichen Umfeld weg. Mein Freundeskreis ist zwar sehr divers, aber ich habe nie im eigenen Freundeskreis gedatet. Da meine Lieblingstätigkeit Yoga eher weiblich dominiert ist, fiel auch dieser Dating-Pool weg. Also blieb oft nur das Fortgehen und naja, sagen wir so, die Ausbeute beim Feiern war auch nicht immer ein Highlight.

Um ein bisschen aus dem Nähkästchen zu plaudern: Ich habe Tinder zum ersten Mal in Holland genutzt, als ich in Amsterdam lebte und meiner besten Freundin in Wien begeistert davon berichtete. Sie dachte zunächst, Tinder sei eine neue Freundin von mir, die mir Männer vorschlägt und fand Tinder deshalb mehr als fragwürdig. Bis heute ist das meine Lieblingsanekdote, wenn es um diese App geht.

Vielleicht hat meine Freundin nicht ganz Unrecht gehabt. Denn innerhalb kürzester Zeit werden dir auf Tinder unzählige potenzielle Partner*innen vorgeschlagen. Das Biest ist maßlos: ein Swipe noch, vielleicht findest du jemanden, der/die noch besser ist!

Versteh mich nicht falsch, ohne Dating-Apps hätte ich die meisten meiner Beziehungen nicht getroffen und für manche Begegnungen bin ich mehr als dankbar. Aber ich sehe auch, dass ein gewisses Gefahrenpotenzial von Dating-Apps ausgeht, wenn man keine gesunde Beziehung zu sich selbst hat. Denn wann swipen wir? Oft in Momenten, in denen wir uns allein und/oder einsam fühlen. Nach welchen Kriterien gehen wir vor? Ästhetik. Auch in einer Bar würde man mit dem Menschen flirten, der einen äußerlich anspricht. Aber oft sind wir dann doch durch Mimik und Gestik beeinflusst, obwohl wir das vielleicht gar nicht so bewusst mitbekommen. Neben der Körpersprache beeinflusst uns natürlich auch das Gesagte bzw. der Duft des Gegenübers. All das sind Faktoren, die man auf Dating-Apps nicht hat.

Und dann ist da natürlich das Warten auf das Match und die Frage: Wer schreibt zuerst? Im echten Leben hat man den Vorteil, sofort eruieren zu können, ob es passt oder nicht. Auf Dating-Apps lautet das Motto: Schau ma mal. Mit ein wenig Smalltalk versucht man, sich zu einem ersten Treffen zu hangeln, ohne zu „needy"[8] zu wirken und zeitgleich so viel in Erfahrung zu bringen, dass man keine Zeit bei einem Date verschwendet. Es ist also ein echter Balanceakt.

Findet ein Date tatsächlich statt, ist man nervös: Schaut die Person aus wie auf den Fotos? Ist sie ebenso nett wie im Chat? Mein Glück bisher war, dass ich immer sehr angenehme Dates hatte. Zwar waren einige Männer deutlich kleiner, als sie angegeben hatten, aber da ich selbst nur 163 cm groß bin, war dies für mich nie ein riesiges Problem.

Wenn ich zurückblicke, entstanden vier von fünf meiner Beziehungen online. Und spannenderweise gab es keinen Unterschied zu jener, bei deren Entstehung der Erstkontakt im realen Leben stattgefunden hatte. Obwohl ich dazu sagen muss, dass ich auch noch nie ein schreckliches Dating-App-Date hatte. Und ich verzichte auch in Zukunft gern darauf.

GENERELL SOLLTEN DATES ETWAS ENTSPANNTES SEIN, UND WEIL MAN SEIN GEGENÜBER NICHT VERÄNDERN ODER GAR KONTROLLIEREN KANN, KANN MAN NUR SELBST FÜR ENTSPANNTE STIMMUNG SORGEN.

Generell sollten Dates etwas Entspanntes sein, und weil man sein Gegenüber nicht verändern oder gar kontrollieren kann, kann man nur selbst für entspannte Stimmung sorgen. Was macht ein Date entspannt? Klar ist man aufgeregt, aber man kann ein paar Faktoren so gestalten, dass sich dies auf das eigene Wohlbefinden auswirkt.

Zum Beispiel: Muss man sich wirklich in einem neuen, angesagten Lokal treffen? Such dir lieber einen Ort, an dem du dich wohlfühlst und entspannen kannst. Unbekannte Locations lenken oft ab, weil dein Gehirn die neuen Eindrücke aufnehmen will. Wenn du an einem Ort bist, den du kennst, kannst du dich mehr auf dein Gegenüber konzentrieren.

Park, Café, Restaurant, Museum oder doch Kino? Um ehrlich zu sein: Mach, was dir zusagt. Ich persönlich finde Kino als erstes Date schwer, weil man sich nicht gut kennt und vielleicht doch erst einmal plaudern will, um zu sehen, ob's passt. Als zweites oder drittes Date kann ein Kinobesuch sehr schön sein. Wenn man auf Thriller und Horror steht, kommt man sich vielleicht etwas näher. Wenn man Komödien mag, sieht man, ob man den gleichen Humor teilt. Man hat nach dem Film auf jeden Fall genug Gesprächsstoff.

In kühleren Jahreszeiten bin ich ein großer Fan von gemeinsamen Besuchen in Museen, denn ich liebe Kunst über alles. Deswegen verbinde ich auf diese Weise eine meiner Leidenschaft mit meinem Date. Man kann sich währenddessen unterhalten, bekommt aber auch Input durch die Umgebung. Falls das Date nicht so gut läuft, habe ich wenigstens etwas erlebt, was mich glücklich macht.

Wenn es warm ist, finde ich es gemütlich, sich Getränke und Snacks zu schnappen und ein Picknick im Park zu machen. Das ist noch dazu günstig und es gibt keine unangenehmen „Wer zahlt die Rechnung?"-Momente.

Eine Frage, die sich wohl jede*r vor einem Date stellt: Was ziehe ich an? Natürlich ist es abhängig davon, was man vorhat, aber am besten zieht man ein Kleidungsstück an, welches einem immer ein gutes Gefühl gibt.

Ich hatte zehn Jahre lang ein Kleid, das ich zu vielen Anlässen anzog. Es war ein ganz einfaches schwarzes Jersey-Kleid, das ich in einem Sale gekauft hatte. Beim Fortgehen hab ich dafür immer mal wieder Komplimente bekommen, ich selbst fand, dass es mir schmeichelte und jedes Mal, wenn ich es anhatte, fühlte ich mich gut. Im Sommer zog ich es pur an, im Winter mit Strumpfhose. Es war der perfekte Allrounder.

Erst rückblickend fiel mir auf, dass es mein Date-Kleid war. Es drückte nicht, ich musste nicht rumzupfen, ich wusste, es passte. Und darum geht's: Finde ein Kleidungsstück, in dem du dich schön fühlst und das gemütlich ist. Denn wenn du dich wohlfühlst, spürt das dein Gegenüber und die Stimmung ist dadurch gleich nochmal entspannter.

Eines der coolsten Dates, das ich hatte, hatte ich übrigens in einer Leggings und einem Top. Beide hatten ein etwas ungewöhnliches Muster.

Aber ich fand mich darin super scharf. Mein Date und ich haben uns im Park auf einen Coffee-to-go getroffen, zwei Stunden geredet und mussten dann leider weiter, weil wir beide noch andere Pläne hatten. Aber im Nachhinein – wir haben uns noch öfter gesehen – hat er mir erzählt, dass er mein Outfit unfassbar toll fand, weil er spürte, dass ich mich in dem Look wohlfühlte. Da realisierte ich erst, wie wichtig dieser Faktor ist. Also egal, wo du bist, egal, was du anziehst, achte darauf, dass du in der Date-Situation du selbst sein kannst und dich wohlfühlst.

Dank einiger sehr amüsanter Podcast-Folgen, in denen wir die Stories unserer Hörer*innen vorlesen, weiß ich, dass es ganz viele sehr schreckliche und seltsame Date-Erfahrungen gibt.

Da haben Sinah und ich uns gefragt, wie kann man dies wohl vermeiden?

Wahrscheinlich gar nicht, aber wir haben beide eine Taktik angewendet, welche wir unsere Tinder-Taktik genannt haben. Sie funktioniert aber bei jeglichen Apps und hat uns zu unseren Beziehungen geführt. Mich schon zu zwei, Sinah zu ihrer aktuellen.

DIE COUCHGEFLÜSTER-DATING-APP-TAKTIK

★ Erstelle ein Profil, das zeigt, wer du bist und was du magst. Das heißt im Klartext: Schreibe mehr als nur „Zu Vino sag ich nie No", außer du willst damit ausdrücken, dass du ein leichtes Alkoholproblem hast. Außerdem darf deine Bio gerne mehr über dich verraten. Auf Reisen und gutes Essen steht schließlich jede*r – werde kreativ! Zeige dich bei Aktivitäten, lade aber auch ein Portraitbild hoch, damit dein Gegenüber weiß, wie du aussiehst. Verwende keine Fotos, auf denen man dich nicht erkennen kann. *Generell:* Fotos von Freund*innen zu verwenden, ist Tabu. Denn ich möchte, um ehrlich zu sein, nicht auf dem Dating-Profil meiner Freund*innen auftauchen, ohne davon zu wissen. Ein Positivbeispiel aus meiner eigenen Tinder-Bio (die kam immer gut an!):

Das mag ich immer: Yoga. True Crime Podcasts. Kaffee. Lange Spaziergänge. Kochen. Kunst. Serien. Dokus.

Das mag ich außerhalb von Lockdown-Zeiten: Reisen ohne großes Gepäck. Outdoor-Raves. Festivals. Glitzer. Museen.

Musikalisch: Irgendwo zwischen Bob Dylan-Mac Miller-Techno-Karate Andi & Pop Musik.

★ Swipe nicht unendlich viel. Setze dir jeden Tag ein Limit von 10 bis 20 Swipes, egal in welche Richtung. Swipe auch nicht auf der Toilette oder kurz vorm Einschlafen, nur weil dir langweilig ist. Nimm dir explizit Zeit.

★ Starte Konversationen mit deinen Matches, um herauszufinden, ob dich ein Treffen nach wie vor interessiert.

Klingt nach simplen Tricks, sie können aber dabei helfen, Dating-Apps nicht inflationär zu nutzen. Wenn man ohnehin auf der Suche nach etwas Ernstem ist, sollte man anderen Menschen auch mit einer gewissen Verbindlichkeit begegnen.

Denn das ist ja gerade das Tolle an Dating Apps: dass man außerhalb der eigenen Bubble ganz wunderbare Menschen treffen kann.

WHAT SINAH SAYS

EIGENTLICH IST es richtig schade, dass das klassische Date, wie man es aus amerikanischen Filmen kennt, bei uns gar nicht so gelebt wird. Der Großteil meiner Tinder-Dates wollte sich in schummrigen Bars treffen, was ja an sich nichts Schlimmes ist, nur führten die weißweingetränkten, feuchten Küsse oft ins Nichts und ließen mich mit einem fiesen Dating-Blues zurück, der oft Tage anhielt. Auch ich lernte das klassische Date erst relativ spät zu schätzen. Ein Museumsbesuch am Nachmittag oder ein gemeinsamer Ausflug zum Floh-, Design- oder Foodmarkt bringt jene Seiten und Persönlichkeitsfacetten besser zum Vorschein, die man zwar kennen sollte, die bei schwachem Kerzenlicht oft schwer einzuschätzen sind. Gibt er dem Kellner Trinkgeld? Kann er sich mit der Verkäuferin unterhalten und ist dabei so charmant, dass diese dir wohlwollend zunickt? Hält er anderen Frauen die Tür auf und entschuldigt sich, wenn er jemanden versehentlich anrempelt? Wie ein Mensch im Umgang mit anderen wirklich ist, erfährst du nur, indem du ihn in sozialen Interaktionen mit anderen beobachtest. Deshalb: Nein, ihr trefft euch nicht in seiner Stammkneipe, in der ihn jeder kennt und er sich seiner sicher sein kann. Ihr trefft euch in der harten Realität, wo dein Date sein wahres Gesicht zeigen muss. Am besten bei Tageslicht! Das mag anfangs etwas ungewöhnlich sein, aber du wirst merken, welchen Unterschied es macht...

NUR FÜR EINE NACHT

Wir kannten uns von meiner Zeit an der Mode-Uni. Er hatte für unsere Show gemodelt und er fiel mir auf, da er abseits saß und während der Vorbereitungen las. Nur wenn Hair & Make-up ihn riefen, legte er das Buch beiseite. Wir redeten immer wieder kurz miteinander, er hatte ein verschmitztes Lächeln und diesen speziellen schelmischen Blick. In seinen Augen verbarg sich ein Schalk, das erkannte ich sofort.

Es vergingen die Monate und wir hatten sporadisch Kontakt. Irgendwann lud er mich zu einer WG-Party ein, von der ich nicht mehr so viele Erinnerungen habe, außer dass meine Freundin und ich sehr viel Wodka getrunken haben. Ich kann mich zwar sogar dunkel an einen Kuss erinnern, aber am Ende ging ich doch allein nach Hause, da er wie ein glitzernder Wirbelwind keine Sekunde lang neben mir verweilte.

Um dies wieder gutzumachen, lud er mich zu einem Date ein. Es war Dezember und kalt. Also trafen wir uns in einem kleinen Wiener Café. Es war abends, im Kamin loderte ein Feuer, das die eh schon aufgeheizte Stimmung zwischen uns noch etwas anfachte, und der Rotwein tat sein Übriges. Knutschend und schäkernd verließen wir das Lokal, um zu ihm zu fahren.

Wir hatten eine unfassbare schöne Nacht, und als er mich am nächsten Morgen zur U-Bahn brachte, sah ich ihn an und wusste, dass ich diesen Mann für immer im Herzen tragen würde, als den besten One-Night-Stand meines Lebens. Ich weiß nicht, wieso mir damals schon klar war, dass es bei einem ONS bleiben würde. Aber ich erinnere mich noch gut, dass ich einer Freundin geantwortet habe, als sie mich fragte, ob wir uns wiedersehen würden: „Nein. Er muss raus in die Welt und noch andere Frauen so glücklich machen."

Im Nachhinein glaube ich, dass mich diese Erkenntnis vor viel Schmerz bewahrt hat. Denn ich bin mir sicher, dass er vielen Frauen bis heute den Kopf verdreht. Er ist einer dieser Männer, wie man sie aus französischen Filmen über Kunst und Liebe kennt: wunderschöne braune Locken, hohe Wangenknochen, Augen, in denen man sich verliert, Lippen so weich, dass sie einen schmelzen lassen und mit dem Herz leider nie nur bei einer Frau. Er liebt Kunst, Kultur und das Leben. Die Bohème ist seine Welt. Ein ewiger Vagabund.

Alles an dem Abend war magisch. In keiner Sekunde habe ich mich ausgenutzt und schlecht gefühlt. Ich habe mich gefühlt wie eine Königin. Ich habe im Moment gelebt und geliebt. Und ich denke, das war der Zauber dieses ONS.

One-Night-Stands haben einen schlechteren Ruf als sie haben sollten. Oft werden sie in Filmen als negativ dargestellt. Der Typ, der nur an sich denkt, kommt und geht. Und wenn sie in Filmen einmal positiv dargestellt werden, dann muss gleich automatisch mehr draus werden. Aber das Leben ist kein Film, und klar gibt es auch furchtbare ONS.

Dennoch müssen ONS nicht scheiße sein. Das Setting macht es aus. Man darf halt nicht betrunken um vier Uhr morgens in der Dorfdisko erwarten, dort die Liebe des Lebens zu finden. Das kann schnell in die Hose gehen. Hingegen kann ein One-Night-Stand mit dem richtigen Mindset und dem*der richtige*n Partner*in etwas Magisches sein.

Die 10 goldenen Regeln für einen magischen One-Night-Stand:

1. Sei wählerisch

Du bist schön, klug und umwerfend. Vergiss das nie. Sei ruhig wählerisch. Was begehrt dein Herz gerade? Gib dich nicht mit weniger zufrieden!

Das bedeutet aber nicht, dass der Mensch alle Kriterien erfüllen muss. Du würdest den Kerl oder das Mädel nicht deinen Eltern vorstellen? Das ist völlig in Ordnung. Nichtsdestotrotz sollte diese Person für dich in diesem Moment perfekt sein.

2. Be the Queen of the Night

Egal ob dein Treffen mit deinem ONS untertags oder abends ist: Sei eine Königin. Das heißt nicht, dass du die schönste Spitzenunterwäsche brauchst, aber wenn du Bock drauf hast, zieh sie an! Fühl dich wohl und mach das, was dir guttut.

3. Kompensiere nichts

Du wurdest gerade verlassen oder hängst an einem anderen und willst dein Ego aufpolieren...? Vielleicht nicht die beste Voraussetzung für „casual sex". Denn da kommen oft Gefühle hoch, sei es Trauer, Reue, Scham – und die würden dir diese Begegnung vermiesen.

4. Zu dir oder mir?

Wo fühlst du dich wohler? In den eigenen vier Wänden, wo du alles kennst, weißt, wo was ist, oder bei ihm, wo du gehen kannst, wenn du Lust hast? Bedenke, manche Männer schlafen verdammt tief und schnarchen. Die wird man dann nicht so leicht los, wie man das gerne hätte. Am besten klärst du also vor dem Sex schon ab, wie es danach laufen soll. Und wenn du bei ihm schläfst, hinterlass seine Adresse zur Sicherheit bei einer Freundin.

5. Nicht zu viel trinken

Don't drink and drive and don't drink too much and have Sex. Zum einen, weil du dich, wenn es der beste ONS deines Lebens werden soll, daran erinnern wollen wirst. Zum anderen ist nichts schlimmer als mit dem Kater aus der Hölle neben jemandem aufzuwachen, der dir im Grunde noch fremd ist.

6. Verhütung

Damit es keine bösen Überraschungen gibt: VERHÜTE. Mit Kondom! Egal, ob du die Pille nimmst oder ein Typ dir von seiner Latex-Allergie erzählt. Wenn er diese hat, wird er ja hoffentlich auch die passenden Kondome parat haben.

7. Sprich über Vorlieben und Grenzen

Es kostet Überwindung, über die eigenen Vorlieben zu sprechen, aber mit etwas Raffinesse kann man diese auch wunderbar in das Vorspiel einbauen. Wenn ihr noch im Lokal seid, kannst du deinem Date zum Beispiel zuflüstern, was du gerne mit ihm oder ihr machen möchtest und was du dir wünschen würdest.

8. Wertschätzung

Das A und O jeder schönen zwischenmenschlichen Begegnung ist Wertschätzung. Denn wir alle sehnen uns danach, gesehen zu werden und für unser Dasein wertgeschätzt zu werden. Sei respektvoll und schätze diesen Menschen. Auch wenn ihr euch vielleicht nie mehr sehen werdet.

9. Keine Versprechen oder Zukunftstalk

Wenn du eine glorreiche Nacht willst, dann lass das Liebesgedöns mal außen vor. Man kann sich sagen, dass man unfassbar scharf aufeinander ist, sich heiß findet und wie toll man einander findet. Aber sobald Sätze fallen wie „Dir würde Korsika so gut gefallen, vielleicht fahren wir da mal gemeinsam hin" oder „Nächste Woche eröffnet dieses Lokal, da müssen wir hin", wird der Samen der Erwartung gesät und Erwartungen sind geplante Enttäuschungen. Lass es auf dich zukommen. Keine Versprechen!

10. Der richtige Abgang

Vielleicht gibt es einen filmreifen Abschiedskuss. Vielleicht hinterlässt du nur eine Nachricht auf einem Papier und bedankst dich. Was auch immer sich für dich richtig anfühlt.

PS: Vergiss bitte nicht auf deinen Humor. Während dem Sex und auch danach. Egal, ob der BH hakt, man seltsame Geräusche macht oder sonst etwas schiefgeht, nichts ist schöner als gemeinsam zu lachen und das Ganze mit einem Augenzwinkern zu sehen.

„ICH KONNTE DIR NICHT WIDERSTEHEN!"

Was fast jede Frau an einem gewissen Punkt in ihrem Leben erfährt, ist Übergriffigkeit. Sei es durch einen fremden Mann oder sogar durch den/die eigene*n Partner*in, ein Gspusi oder eine Affäre. Es ist eines der traurigen Kapitel des Erwachsenwerdens. Aber wir wollten es nicht auslassen. Denn nur wenn wir darüber reden und es thematisieren, kann und wird sich etwas ändern.

Als ich mit Freundinnen darüber redete, musste ich mit Erschrecken feststellen, dass wir alle schon Erfahrungen mit diesem Thema gemacht haben.

Um es in aller Deutlichkeit zu sagen: Man empfindet es nicht als Kompliment, wenn einem hinterhergepfiffen wird oder gar an den Hintern gefasst wird. Es hinterlässt einen unangenehmen Beigeschmack von Fassungslosigkeit, aber auch Angst. Denn man fragt sich unweigerlich: Bleibt es bei dem Pfeifen oder geht mir der Typ hinterher? Und wenn ja, was soll ich dann machen? Wie kann ich mich wehren, wie auf mich aufmerksam machen, wer wird mir im Notfall helfen?

All das sind Fragen, die wir uns nicht nur stellen, wenn wir wieder einmal eine solche Erfahrung machen mussten. Wir stellen sie uns immer, weil wir schon früh mit der unschönen Realität konfrontiert werden. Die erschreckende Wahrheit ist: Die meisten meiner Freundinnen waren gerade einmal zwischen 11 und 14 Jahre alt, als sie erstmals mit Übergriffen konfrontiert waren.

Seit meiner Pubertät gab es unzählige „Vorfälle", die ich hingenommen habe, weil ich mir oft nicht zu helfen wusste. Sei es, als ich circa 13 Jahre alt war und ein Typ sich im Bus an mir rieb oder seien es die schmierigen Hände älterer Männer, die bei Events ganz zufällig über

meinen Oberschenkel oder Hintern glitten: Es schnürt einem die Kehle zu in diesem Moment.

Man fühlt sich hilflos. Denn man will keine Szene machen und denkt nur: Passiert das gerade wirklich? War das absichtlich? Während man versucht, Abstand zu gewinnen und wieder die Oberhand über die Situation zu erlangen, fühlt man sich innerlich beschämt.

Eine der wohl schlimmsten Situationen erlebte ich aber mit einem Gspusi. Wir hatten schon einige Male Sex miteinander gehabt und daher dachte ich, dass ich ihm vertrauen konnte. Leider war dies ein Irrglaube.

MAN FÜHLT SICH HILFLOS. DENN MAN WILL KEINE SZENE MACHEN UND DENKT NUR: PASSIERT DAS GERADE WIRKLICH? WAR DAS ABSICHTLICH?

Als ich verkehrt herum auf ihm saß, bemerkte ich, dass er Fotos mit seinem Handy von mir machte. Schockiert sprang ich sofort auf und verließ das Zimmer. Die Tränen schossen nur so aus mir heraus, ich fühlte mich grauenvoll.

Ich war, um ehrlich zu sein, komplett überfordert. Denn was lernt man von klein auf, besonders als Mädchen? Nimm keine Süßigkeiten von Fremden an, dann passiert dir nichts. Und falls dich ein Fremder anfasst, schrei. Schön und gut. In Wahrheit erklärt uns niemand, wie man damit umgeht, wenn beim Sex mit jemandem, zu dem wir vorher noch „Ja" gesagt haben, Grenzen überschritten werden – und ich nehme an, dass dieser Fall definitiv häufiger auftritt, als wir glauben.

Da war ich nun, völlig überfordert mit der Situation. Denn ich mochte diesen Mann sehr.

Als ich ins Zimmer zurückkehrte, fragte ich ihn, was das sollte, warum er das getan hatte. Es folgten tausend Entschuldigungen, die im Endeffekt nichts wert waren. Denn der Schaden war schon entstanden. Er löschte die Fotos zwar vor meinen Augen, aber ich war zutiefst verletzt. Dennoch ließ ich die Sache danach auf sich beruhen und wir redeten nicht mehr darüber.

Wieso? Weil ich ihn mochte und mir dachte, ich will keine Szene machen. Später habe ich diese Entscheidung bereut. Denn was er mir damit angetan hatte, saß verdammt tief.

Seine Aussage – und wohl auch Entschuldigung – war: dass er mir nicht widerstehen konnte. Und da war sie wieder. Die unterschwellige Aussage, dass die Verantwortung bei mir als Frau lag, wenn mir so etwas passiert. Ich hatte diesen Satz schon so oft gehört. Jedes Mal, wenn eine Grenze überschritten wurde, hörte ich früher oder später diesen Satz:

„Ich konnte dir nicht widerstehen."

Was einfach nicht stimmt. Ich bin nicht dafür verantwortlich, wenn andere Menschen sich so verhalten. Nichts rechtfertigt einen Übergriff.

Er beendete die Affäre kurz darauf und erst danach wurde mir so richtig klar, welche Auswirkungen das Ganze auf mich hatte. Ich habe länger gebraucht, um mit dem entstandenen Vertrauensverlust klarzukommen. Während er wieder aktiv auf Tinder nach Dates suchte, suchte ich mir Hilfe. Denn ich konnte für einen gewissen Zeitraum keinen Höhepunkt mehr erreichen. Jedes Mal kamen die Erinnerungen hoch und es fühlte sich an, als würde man mir ein Messer in den Rücken rammen.

Er hat nie erfahren, wie schlecht es mir mit diesem Erlebnis ging. Ich habe nur gehofft und hoffe immer noch, dass er dies nicht noch einer Frau antut. Aber tief in mir weiß ich, dass er es wahrscheinlich immer und immer wieder machen würde und auch schon vor mir getan hat. Denn wem es so leichtfällt, die Sache herunterzuspielen, macht sich wohl kaum Gedanken darüber, welche Folgen die eigene Handlung beim Gegenüber haben kann.

Ich war damals in einem Moment der Hilflosigkeit gefangen und nicht in der Lage, einen klaren Gedanken zu fassen. Später wollte ich einfach keinen Stress. Ich rief sogar bei einer Hotline an, um mich beraten zu lassen. Der Ratschlag war eindeutig: „Wenn es keine Beweise gibt, steht Aussage gegen Aussage. Wollen Sie sich das wirklich antun?"

Nein, wollte ich nicht. Ich wollte vergessen. Doch das Verdrängen fiel mir nicht so leicht, ich konnte danach nicht mehr einfach so jemandem vertrauen. Meine Wunden brauchten Zeit, um zu heilen. Würde ich heute anders handeln?

Ja. Denn es ist ein Übergriff, den ich nicht mehr tolerieren würde. Ich würde es heute anzeigen. Auch wenn es mühsam wäre.

Einer meiner Gedanken, die ich damals hatte, war, dass ich nicht wie das „crazy Ex-Gspusi" wirken wollte. Er gehörte zu meinem Bekanntenkreis, die Leute würden davon erfahren und der Rattenschwanz, den so eine Anzeige nach sich ziehen würde, wäre so lang, dass ich wahrscheinlich ständig damit konfrontiert wäre. Zudem ahnte ich, dass er sich nicht zu seiner Tat bekennen würde. Und es war auch so, dass ich befürchtet habe, man könne mir nicht glauben.

So schmerzhaft diese Erfahrung auch war, sie hat mich gelehrt, dass der Satz „Ich konnte dir nicht widerstehen" oft von Männern genutzt wird, um ihr Fehlverhalten zu rechtfertigen.

JEDE FÜNFTE Frau ist ab ihrem 15. Lebensjahr körperlicher und/oder sexueller Gewalt ausgesetzt, so der Verein Autonome Österreichische Frauenhäuser[9]. Jede dritte Frau musste zumindest einmal in ihrem Leben sexuelle Belästigung erfahren. Und beinahe jede Frau weiß, wie sich diese Übergriffe anfühlen. Es ist nicht immer nur der Klaps auf den Po. Übergriffe passieren auch in vermeintlich nicht sexuellem Kontext, und eben das macht es so schwer, effektiv gegen sie vorzugehen. Denn wird eine Grenze einmal überschritten, ohne Konsequenzen, wird es immer und immer wieder passieren.

Ich hatte in der Vergangenheit Arbeitskollegen, Kunden, Bekannte, an denen ich nicht einmal vorbeigehen konnte, ohne „Komplimente" zu meinem Outfit zu ernten. Oder Kommentare zu meiner Figur. Ich hatte Kollegen, die mich offen fragten, wie lange ich denn schon keinen Sex mehr gehabt hätte, als ich noch Single war. Ich müsse „ja völlig ausgehungert sein". Oft brauchten sie auch gar nichts zu sagen, denn ihre Blicke sprachen Bände. Es waren Blicke, die meinen Körper scannten und „Vorzüge" und „Makel" bewerteten, ohne dass ich

nach einer Bewertung gefragt oder um ein Kompliment gebeten hätte. Diese Blicke sind unverschämt offensichtlich und jede Frau bemerkt sie, auch wenn manche von uns viel Mühe aufwenden, um sie zu ignorieren. Jede Frau schämt sich für diese peinlichen Blicke und fragt sich, wie zur Hölle sie diese Aufmerksamkeit auf sich ziehen konnte. Egal, wie unsichtbar wir als Frau sein wollen, wie zurückhaltend, egal, wie viel oder wenig Kleidung wir tragen: Männer, die Frauen nicht respektieren, werden immer wieder Gründe finden, um ihre Übergriffigkeiten zu rechtfertigen. Sie tarnen sie als Humor, als Kompliment, als berechtigten Angriff, wenn frau von ihrer Normvorstellung abweicht, oder als sexuelles Interesse und erklären sich und anderen damit, dass sie eben „auch nur ein Mann" seien.

Jede Frau hat schon einmal in ihrem Leben Erfahrung damit gemacht, was passiert, wenn man einen Mann zurechtweist. Jede Frau weiß, wie nah primitive Begierde, Hass und Wut beieinanderliegen. In Wirklichkeit geht es nicht darum, wie attraktiv uns der Bauarbeiter findet, der uns am Nachhauseweg nachpfeift, oder dass der Typ auf der Party „die

Signale falsch deutete", als er uns einfach an den Arsch gefasst hat. Es geht nie um uns oder um das, was wir tragen, tun oder nicht tun. Diesen Männern geht es einzig und allein darum, Macht gegenüber einem Menschen, der in ihrer Weltanschauung unter ihnen zu stehen hat, offen demonstrieren zu wollen. Ein Mann, der deine Grenzen nicht wahrt, der dich nicht respektiert, dich beschimpft, einschüchtert, dir droht, dich nicht ernst nimmt und dich und dein Leben herabwürdigt, ist nichts weiter als ein unsicherer, kleiner Wurm, der mit falschen Vorbildern aufgewachsen ist und in dem Glauben, dass ihm die Welt gehört, einfach nur deshalb, weil er einen Sack zwischen den Beinen hat.

Es sind aber nicht nur Männer, die übergriffig sind. Auch Chefinnen, die sich in jedem Meeting nach deinem Privatleben erkundigen oder offen vor deinen Kolleg*innen fragen, ob in deiner Beziehung „eh alles in Ordnung sei", weil du in letzter Zeit so ruhig wärst, verhalten sich übergriffig und nutzen ihre Machtposition aus, um Informationen aus dir rauszuquetschen, die du vielleicht nicht preisgeben willst. Wir täten als Gesellschaft gut daran,

uns in der Wahrung persönlicher Grenzen zu üben. Online wie offline.

Für weitere Fragen rund um Belästigung, Gleichbehandlung und Gewalt stehen dir u.a. folgende Institutionen zur Verfügung. Bitte beachte die im jeweiligen Land geltenden Vorwahlen

Verein Autonome Österreichische Frauenhäuser – AÖF: www.aoef.at, 0800 222 555

24-Stunden-Frauennotruf der Stadt Wien: 01 71 71 9

Gleichbehandlungsanwaltschaft: www.gleichbehandlungsanwaltschaft.gv.at, 0800 206 119

Hilfetelefon Gewalt gegen Frauen: www.hilfetelefon.de, 08000 116 016

Männernotruf: www.maennernotruf.at, 0800 246 247

DEINE WOHNUNG IST DAS SPIEGEL-BILD DEINES HERZENS

Wie ein Mensch lebt, verrät viel über ihn. Vielleicht ergeht es auch dir manchmal so, dass du beim Dating ganz gespannt auf diesen Moment gewartet hast, in dem du die Wohnung deines Dates zum allerersten Mal siehst: Welche Musik hört er oder sie? Welche Dinge finden sich wohl im Kühlschrank? Wie viel Wert legt der oder die Angebetete auf Sauberkeit? Hängen Poster oder Bilder an den Wänden? Fühlt sich die Wohnung kalt oder warm an? Findet man noch irgendwo Haargummis, Unterwäsche oder andere Erinnerungsstücke vorhergehender Beziehungen…? Die Aussagekraft der eigenen Wohnung wird sehr häufig unterschätzt.

Gerade am Anfang des Kennenlernprozesses fand ich es immer wichtig, dass die Wohnung des Dates sauber und halbwegs gemütlich eingerichtet war. Messi-Wohnungen waren für mich immer klare *Red Flags.* Ich habe Wohnungen gesehen, die dermaßen zugemüllt waren, dass man nicht ein einziges sauberes Glas in der Küche fand. Wohnungen, deren Badezimmer so verdreckt waren (und wir reden hier wirklich von der übelsten Sorte Dreck), dass mir das Grausen kam. Ein Mindestmaß an Sauberkeit und Ordnung ist wichtig, gerade wenn man auf Partner*innensuche ist. Denn auch wenn du deinem Date vielleicht nicht gleich verraten willst, dass du es mit der Ordnung nicht ganz so genau nimmst, deine Wohnung ist da nicht so verschwiegen.

Gastfreundschaft ist vielen Menschen außerdem sehr wichtig, obwohl sie das vielleicht selbst gar nicht bemerken. Es ist immer nett,

wenn man bei jemandem zu Besuch ist und gleich ein Getränk angeboten bekommt. Eine kleine Auswahl an Tees, Kaffee, Säften und Weinen zuhause zu haben bereut man wirklich nie. Ganz besonders dann, wenn man spontan Besuch bekommt. Ich persönlich reiche auch gerne Oliven zu einem Spritz oder pikante Nüsse. Es muss aber wirklich kein Großaufgebot an verschiedensten Appetizern sein. Außerdem finde ich es nett, wenn man beim Eintreten Hausschuhe angeboten bekommt. Wenn man das übertrieben findet, ist es immerhin wichtig, dass die Böden tadellos sauber sind. Einmal kurz durchsaugen, bevor dein Date kommt, muss wirklich drin sein. Es ist absolut unsexy, am Ende eines Abends Dreck auf den weißen Socken zu bemerken. Und putze bitte dein Bad und die Toilette! Du kannst schließlich nicht von deinem Date erwarten, mit dir Sex zu haben, wenn dein Klo aussieht, als hätte es dort einen angespülten Wal zerrissen.

EINE WOHNUNG ENTWICKELT SICH MIT DIR UND DESHALB SOLLTEST DU DICH UM SIE GENAUSO KÜMMERN WIE UM DEIN OUTFIT, DEINE TOPFPFLANZEN ODER DEINE PLATTENSAMMLUNG. DAZU GEHÖRT AUCH, ZU WISSEN, WANN ES ZEIT IST, ALTE ZÖPFE ABZUSCHNEIDEN.

„Ich mag deine Wohnung sehr", war der erste Satz, den mein Freund zu mir sagte, als er meine Wohnung sah, und dieses Kompliment bedeutet mir immer noch sehr viel. Zu der Zeit, als ich meinen Freund kennenlernte und wir viel Zeit in meiner Wohnung verbrachten, fiel es mir wie Schuppen von den Augen: Ich selbst verbrachte gerne Zeit in meiner Wohnung, und genau das spürte er. Ich musste nicht erst erzählen, welche Bücher ich las, dass ich Mode, schöne Gläser und Keramik mag und Vintage-Schminkzeug aus den 40er- und 50er-Jahren sammle. Meine Wohnung verriet all meine Geheimnisse bereitwillig. Ich hatte ihn von Anfang an gerne bei mir zu Gast, ein Gefühl, das ich vorher nie bei einem Mann hatte. Erst da verstand ich, welche Rolle der eigene Wohnraum bei der Partner*innensuche wirklich spielt und wie wichtig es ist, dass Menschen sich in deiner Bude auch körperlich wohlfühlen.

Eine Wohnung entwickelt sich mit dir, und deshalb solltest du dich um sie genauso kümmern wie um dein Outfit, deine Topfpflanzen oder deine Plattensammlung. Dazu gehört auch, zu wissen, wann es Zeit ist, alte Zöpfe abzuschneiden. So gern ich meine Wohnung mag und jedes kleine Teil schätze: In den vergangenen Jahren habe ich mich zunehmend von vielen unnützen Habseligkeiten, Krimskrams und dem kleinen Chaos in meinen eigenen vier Wänden beengt gefühlt. Dinge, von denen ich glaubte, sie aufheben zu müssen (Bücher, alte Klamotten, jede einzelne Konzertkarte) machten mich zunehmend unrund. Es war, als entwickelten all die Dinge, die ich jahrelang nicht benutzt hatte, plötzlich ein Eigenleben. Sie wurden zu regelrechten Störenfrieden.

Die monatelangen Lockdowns im ersten Coronajahr nutzte ich also, um dieses Chaos aufzuräumen. Nach zwei Monaten intensivem Ausmisten und Reorganisieren hat nun jedes, wirklich jedes Teil in meiner Wohnung seinen festen Platz. Ich muss nach nichts mehr suchen, putzen dauert nur mehr halb so lange und zudem habe ich das Gefühl, dass ich dadurch auch Ordnung in meinem Herzen und in meinem Kopf gemacht habe. Ich habe Dinge entsorgt, deren Besitz mich eigentlich traurig machte, ich habe geschätzten Erinnerungsstücken einen würdigen Aufbewahrungsort zugewiesen und mich von Kleidung getrennt, von der ich nicht einmal mehr wusste, dass ich sie besitze. Es tat gut, die Vergangenheit im wahrsten Sinne loszulassen: alte Konzertkarten von Shows, die ich eigentlich gar nicht so super fand, Visitenkarten von Menschen, an die ich mich nicht mehr erinnerte, Fotos von längst verflossenen Boys und Freundschaftsbänder, die irgendwann mal geknüpft wurden, aber nur mehr aus losen Fäden bestanden.

Als ich die Wintermonate Abend für Abend mit dem Aufräumen meiner Wohnung verbracht habe, dämmerte mir, wie viel ich in dieser Wohnung schon erlebt hatte. Ich wurde in und mit ihr erwachsen. Diese Wände hatten meine guten und schlechten Erfahrungen, die Einsamkeit, die Freude, Erfolge und Niederlagen miterlebt. Sie haben mich singen und weinen hören, mich tanzen und lieben gesehen. Ich habe diese Wände mit Mitbringseln aus aller Welt geschmückt und einen Ort geschaffen, den ich sehr schätze, dem aber unter der Last meiner eigenen Vergangenheit oft die Luft zum Atmen fehlte.

Seitdem überlege ich sehr genau, was ich kaufe und ob ich es wirklich brauche. Spontankäufe passieren mir kaum noch. Durch die Ordnung weiß ich, was ich besitze und, so esoterisch es auch klingen mag, ich weiß seitdem wieder genauer, wer ich wirklich bin. Früher dachte ich, ich sei eben chaotisch – dabei hasse ich Chaos und ebenso sehr hasse ich Unsicherheit. Als Kind fühlte ich diese Abneigung gegen Unregelmäßigkeit schon recht stark in mir, aber irgendwie wusste ich nicht so recht, wie Ordnung machen funktioniert.

Wer mich kennt, weiß außerdem, dass ich Interior-Design liebe. Aber anstatt wie früher jedem neuen angesagten Trend hinterherzuhecheln, kann ich jetzt sehr viel besser zwischen Trends unterschieden, die ich einfach cool finde, und einem Stil, mit dem ich auch wirklich leben kann und will. Das mit dem Design ist nämlich so eine Sache. Auf Instagram sieht alles immer toll aus: die vertrockneten Blumen in der kitschigen Flohmarktvase, die Rattanmöbel mit dem bröseligen Pampasgras in der Ecke, die 70er-Jahre-Kommode von der Tauschbörse, die Europaletten als Bettgestell... Aber passt das alles auch wirklich zu dir?

KREATIVITÄT SOLL SPASS MACHEN UND NICHT FRUSTRIEREN. WENN ES JAHRE DAUERT, BIS DU DEN PERFEKTEN SPIEGEL FÜR DEIN VORZIMMER FINDEST, DANN IST DAS SO.

Es hilft zweifellos, Pinnwände zu erstellen und nach Eyecatchern zu suchen, mit Wandfarben zu spielen und genau zu überlegen, was in deiner Wohnung überhaupt Sinn macht. All das ist ein Prozess. Du musst nicht mit Anfang 20 (und auch später nicht) die perfekte Wohnung haben. Kreativität soll Spaß machen und nicht frustrieren. Wenn es Jahre dauert, bis du den perfekten Spiegel für dein Vorzimmer findest, dann ist das so. Du wirst auch mit einer günstigen Variante gut auskommen. Vor allem, wenn du oder deine Eltern nicht die finanziellen Möglichkeiten haben, dir eine perfekte Designer-Wohnung und den Ettore Sottsass „Ultrafragola"-Spiegel um sechstausend Euro zu ermöglichen, wirst du kreativ werden und mit deinem Geld haushalten müssen. Aber zu lernen, mit dem eigenen Geld hauszuhalten, ist eine wichtige Lektion im Leben. Gerade für Frauen.

Denke immer daran: Eine Wohnung lebt von Kreativität, der Liebe und der Aufmerksamkeit, die du ihr schenkst. Nicht von unbezahlbaren Designobjekten.

COUCHGEFLÜSTER-TIPPS:

★ Wenn du jemanden kennenlernst, auf den du einen guten Eindruck machen willst, denke daran, dass deine Wohnung mindestens so viel über dich aussagt wie dein Outfit. Sauberkeit, Liebe zum Detail und Raffinesse sind die Schlüssel zum Erfolg.

★ Es ist nicht nötig, dass du deine Wohnung nach dem Vorbild reicher Influencer*innen nachstylest. Mit einer coolen neuen Wandfarbe, Bildern an den Wänden und schönen, gesunden Zimmerpflanzen kannst du deine Wohnung kostengünstig aufwerten.

★ Visualisiere, bevor du kaufst: Du hast einen Tisch gesehen und musst ihn unbedingt haben? Stell dir dieses Teil erstmal in deiner Wohnung vor. Passt es von der Größe her rein? Was geschieht mit dem Raum, wenn du ihn dir in einer Wohnung vorstellst?

★ „Gut Ding braucht Weile": Einen guten Einrichtungsstil zu kultivieren, dauert oft viele Jahre. Den eigenen Stil zu finden auch. Anstatt deine komplette Wohnung im Scandi-Style auszugestalten, um dann festzustellen, dass du eigentlich lieber im Color-Blocking-Stil leben willst, sind verschwendete Energie und Ressourcen. Unser Tipp: Nur weil Rattan gerade in ist, musst du ja nicht gleich zehn Stühle kaufen. Investiere in ein kleines Tischchen oder einen Stuhl und schaue dann, wie sich dieses Teil in deiner Wohnung macht. Akzente zu setzen macht oft viel mehr aus als „more of the same"!

BYE-BYE, HOTPANTS!

Was für Interieur gilt, gilt auch für Mode: Du musst nicht jedem Trend nachlaufen. Nimm diesen Rat von einer Frau, die in ihrem Leben mehr Stile durchprobiert hat, als sie zugeben möchte! Von „Emo Girl" über „Gossip Girl" zu einem Stil, den ich selbst gar nicht mehr definieren kann und will: Ich kann dir sagen, ich habe wirklich nichts ausgelassen. Egal, ob platinblonde, abrasierte Haare, Converse und Nietengürtel, „preppy Looks" mit Blusen und Faltenröcken, Glitzer im Gesicht und Blumenkronen im Haar oder 70er-Jahre-Coolness, Mode war für mich immer eine riesige Spielwiese und ich nahm sie nie allzu ernst. Es machte mir Spaß, mit einem Outfit in verschiedene Rollen zu schlüpfen und das tut es noch. Aber heute würde ich unter keinen Umständen mehr chunky Sneaker und Radlerhosen tragen, nur weil sie gerade Trend sind.

Tatsächlich haben sich meine modischen Vorbilder über die Zeit sehr verändert. Zwar finde ich noch immer, dass Avril Lavigne die Coolste ist, aber ich würde mich heute nicht mehr wie sie kleiden. Mich inspirieren Frauen, die älter sind. Ich mag es, dass ältere Frauen keine Scheu mehr davor zu haben scheinen, wie sie auf andere wirken. Sie tragen, was ihnen gefällt, und sie tragen es mit Stolz. Sie scheinen sich keine Fragen wie „Wirkt mein Po in diesem Rock zu dick?" oder „Kann ich das bei meiner Größe tragen?" zu stellen – ganz einfach deshalb, weil es ab einem gewissen Alter auch gar nicht mehr darum geht, ob dein Arsch in dieser oder jener Hotpants geil aussieht. Weil man in diesem Alter sowieso nicht mehr mit blanker Haut Aufmerksamkeit erregen will, dafür aber weiß, wie man mit Extravaganz, Stil und Selbstsicherheit

punktet. Mit dem Alter kommt die Gelassenheit. Das kann ich mit meinen 30 Jahren ebenfalls bestätigen – und ja, das ist noch kein Alter, aber der Unterschied zu meinen Zwanzigern fühlt sich enorm an. Es liegen Welten zwischen der Art und Weise, wie ich mich selbst als Twenty-Something wahrnahm und wie ich mich heute sehe.

Mit Anfang 20 fand ich meinen Körper überhaupt nicht attraktiv, ganz im Gegenteil. Ich hätte alles für einen Kate-Moss-Body in Size Zero getan. Dass nun verschiedenste Körpertypen in Werbung, Musikbranche und Film vertreten sind, ermöglicht jungen Frauen jenseits der Size Zero das langersehnte Identifikationspotenzial. Wir dürfen niemals vergessen: Das, was als schön definiert wird, ist zu einem sehr großen Teil lediglich ein soziales Konstrukt, und Millionen von Frauen versuchen mit allen Mitteln, diesem Ideal zu entsprechen.

Die Idealvorstellung eines „perfekten Körpers" ist nicht immer völlig unproblematisch, und obwohl ich keineswegs gegen Schönheits-OPs bin, finde ich doch, dass gerade das, was Gesichter so einmalig macht, erhalten werden sollte – die markante Nase, die kleine Unebenheit der Zähne, die Lachfältchen… Ich bin zwar auch absolut nicht der Meinung, dass Frauen sich ständig selbst lieben und so annehmen müssen, wie sie sind. Im Gegenteil, dieser ständige Zwang zur Selbstliebe kommt mir eher ziemlich toxisch vor. Wenn dich etwas an dir so sehr stört, dass du keine Sekunde länger damit leben willst, dann solltest du das auch ändern dürfen, ohne dich rechtfertigen zu müssen. Allerdings sollte man lernen zu unterscheiden, welche Äußerlichkeiten lediglich einem derzeitigen Trend entsprechen und eine*n Ärzt*in finden, die oder der weiß, welche Veränderungen auch tatsächlich zu deiner eigenen Optik passen. Letzten Endes sind Äußerlichkeiten so volatil wie vergänglich und nichts, gar nichts, kann das Voranschreiten der Zeit aufhalten.

WIR DÜRFEN NIEMALS VERGESSEN: DAS, WAS ALS SCHÖN DEFINIERT WIRD, IST ZU EINEM SEHR GROSSEN TEIL LEDIGLICH EIN SOZIALES KONSTRUKT, UND MILLIONEN VON FRAUEN VERSUCHEN MIT ALLEN MITTELN, IHREM IDEAL ZU ENTSPRECHEN.

Wahrer Stil bleibt aber für immer. Frauen, die zu ihren Falten und ihren Altersflecken stehen, die trotz Krampfadern bunte Kleider tragen und trotz erschlaffter Gesichtshaut Make-up lieben, ermutigen mich dazu, Schönheit nicht allein in praller, faltenfreier Haut, jugendlichen Brüsten und langem Haar zu sehen. Und eben diese Erkenntnis

– nämlich die, dass wir alle älter werden (hoffentlich!) und dass dieser Prozess kaum zur Gänze aufzuhalten ist – ließ mich meine eigenen Schönheitsideale in den vergangenen Jahren gewaltig überdenken. Was ist Sexiness überhaupt? Was ist Schönheit? Und sollte man wirklich versuchen, den Körper der Mode anzupassen, so wie wir alle es vermutlich die letzten zwanzig Jahre getan haben – oder wäre es doch klüger, die Modebranche als Dienstleistung zu begreifen, die uns gefälligst ein gutes Gefühl vermitteln soll?

NIEMAND WIRD MICH JE WIEDER IN DIESEN VERDAMMT UNBEQUEMEN SKINNY JEANS SEHEN, ODER IN ENGEN JEANS-HOTPANTS, DIE MEINE LADY PARTS EINSCHNÜREN. KOMFORT UND EIN GUTES KÖRPERGEFÜHL SIND MIR WICHTIG UND ICH MUSS VERDAMMT NOCHMAL NICHT MEHR SEXY WIRKEN.

Ästhetik und Mode sind wichtige Ausdrucksformen für mich und je älter ich werde, desto mehr finde ich diesen „eigenen Stil", von dem immer alle reden. Wenn ich Bock auf ein blaues Kleid mit Puffärmeln habe, dann kaufe ich es, und ja, es ist mir völlig egal, was irgendwer von diesem Look hält. Niemand wird mich je wieder in diesen verdammt unbequemen Skinny Jeans sehen, oder in engen Jeans-Hotpants, die meine lady parts einschnüren. Komfort und ein gutes Körpergefühl sind mir wichtig und ich muss verdammt nochmal nicht mehr sexy wirken. Ich will gut gekleidet sein und mich gut fühlen! Ich will atmen und mich bewegen können.

Im Übrigen frage ich meinen Freund kaum, ob ihm dieses oder jenes an mir gefällt, aber ich freue mich selbstverständlich immer über anerkennende Blicke und Komplimente. Er findet meinen Stil mutig und nie langweilig und genau das scheint er an mir zu mögen. Hoffe ich zumindest! Mode darf Spaß machen und muss nicht immer so verdammt ernst oder gar niederschmetternd sein. Lasst euch also bitte nicht länger von irgendwelchen Kleidungsstücken und Konfektionsgrößen fertig machen. Was Mode wirklich Seele verleiht, bist nämlich du. Und bevor du zum Beauty-Doc rennst, weil du glaubst, ein Paar neue Lippen würde dir endlich das Gefühl geben, schön zu sein, *think twice*. Vielleicht investierst du dein hart verdientes Geld doch besser in ein richtig cooles Vintage-Teil, das dir jahrelang Freude bereitet.

COUCHGEFLÜSTER-TIPPS

Trends zu folgen ist nicht nur langweilig, es kann auch extrem teuer werden. So stellst du sicher, dass du deinen Style erweiterst und deine „Sammlung" ausbaust, anstatt wieder mal ein Teil zu kaufen, das dir zwar theoretisch gefällt, aber praktisch keinen Nutzen für dich hat. Unsere Tipps für dich:

✮ Investiere nur in Teile, die du dir auch wirklich leisten kannst.

✮ Kaufe nur Stücke, zu denen mindestens vier verschiedene, bereits vorhandene Pieces in deinem Kleiderschrank passen.

✮ Kaufe Kleidung, die dich gut kleidet und die dir auch gut passt. Finger weg von Teilen, in die du dich reinhungern willst.

✮ Wenn ein bestimmtes Kleidungsstück dir bei der Anprobe kein gutes Gefühl vermittelt und du nicht zu einhundert Prozent sicher bist, „Das ist es!", dann kaufe es nicht. Es gibt klügere Möglichkeiten, wofür du dein Geld ausgeben kannst. Kleidung darf dich nicht triggern.

✮ Behandle jedes Teil in deinem Kleiderschrank wie Haute Couture. Ganz egal, ob es das H&M Teil um 20 Euro ist oder die Louis Vuitton Tasche, die du dir zu deinem Uni-Abschluss gegönnt hast – deine Kleidung hat es verdient, mit Respekt behandelt zu werden. Indem du respektvoll mit deinen Dingen umgehst, läufst du auch nicht Gefahr, zehn Versionen vom gleichen Stil anzuhäufen.

✮ Es ist so wichtig, in Sachen Style auf den eigenen Instinkt zu hören. Und klar: Es gibt wichtigere Dinge als Mode. Aber erinnere dich, wie du dich gefühlt hast, als du mal so richtig gut gekleidet warst. Ein Mensch, der sich in seiner Kleidung und mit seinem Stil wohlfühlt, strahlt Selbstbewusstsein aus und zieht Blicke auf sich. Und das kann sowohl beim Bewerbungsgespräch als auch beim Date äußerst hilfreich sein.

Ein gewisses Maß an Modebewusstsein zu kultivieren schadet also nicht und hat überhaupt nichts mit Eitelkeit zu tun, sondern damit, einen guten Eindruck machen zu wollen und einem gepflegten Äußeren einen gewissen Wert beizumessen. Es ist aber nicht nötig, dass du mehrere YSL-Taschen besitzt, eine Rolex oder eine Jeans um 300 Euro, um gut angezogen zu sein. Ein Designerteil ist kein Must Have und auch das günstige Vintage-Hemd kann genial gestylt werden. Sei kreativ und mutig und lass dich von top-verdienenden Influencer*innen nicht verunsichern, wenn es um Mode geht. Nur, weil jemand reich ist, hat er noch lange keinen besonderen Style oder ein gutes Gespür für Mode.

Mein Tipp: Stöbere in Vintage-Läden nach besonderen Teilen, die gut verarbeitet sind und dir lange Zeit Freude bereiten werden. Unsere Lieblings-Vintageläden in Wien:

★ *Wolfmich*
Ausgesuchte und sehr spezielle Designerteile, die dir bewundernde Blicke bescheren werden (€€€)

★ *Bootik54*
Hier findest du neben trashigen Bandshirts und 80er-Jahre-Ästhetik auch immer wieder besondere Designerpieces zu äußerst günstigen Preisen. Tolle Auswahl an Kaschmir und Wolle (€-€€)

★ *Burggasse 24*
Von günstig bis teuer, von Seventies-Mode bis Hipster-Essentials, hier wird jeder fündig (€€-€€€)

★ *Humana*
Bei Humana gibt's günstige Jeans, coole Hemden und, wenn man Glück hat, findet man dort auch hochwertige Markenmode (€)

★ *Kleider gehen um*
Liebevoll kuratierter Vintage-Fashion Store, der das Herz eines jeden Siebzigerjahre-Fans höherschlagen lässt (€-€€)

★ *Uppers and Downers*
Großartiger Vintage- und Second-Hand-Store im siebten Bezirk, in dem Vintage-Träume wahr werden. (€-€€)

SO WIE für Sinah war Mode auch für mich eine Spielwiese. Vom Emo-Girl bis zum Amy-Winehouse-Stil habe ich einiges in meiner Jugend ausprobiert. Meine Liebe zur Mode war so groß, dass ich sie schlussendlich studiert habe. Nach meinem Abschluss zog ich nach Berlin und dann nach Amsterdam. Beide Städte waren, was Mode betrifft, etwas freier als Wien, und ich merkte, dass auch ich immer mehr zu meinem Stil fand. In Berlin lernte ich, dass man alles mit Sneakers kombinieren konnte. In Amsterdam, dass eine gute Garderobe eigentlich aus Basics besteht, welche man mit coolen Accessoires aufpeppen kann.

In Amsterdam arbeitete ich für ein großes Modemagazin, und diese Zeit prägte mich sehr, vor allem, was meine Gedanken zur Mode-welt anging. Bis dahin wollte ich unbedingt Teil dieser glitzernden Welt sein. Bis ich die Abgründe dahinter gesehen habe. Die Models in den Modestrecken waren oft 15 bis 17 Jahre jung, die Käufe-rinnen des Magazins waren wahr-scheinlich mehrheitlich doppelt so alt. Dennoch wurde ein Schönheits-ideal gepredigt, das ich fragwürdig fand: ewige Jugend.

Die Kleidung in den Modestrecken wurde nicht ausgesucht, weil man das Design oder die Labels beson-ders toll fand, sondern die Marke, die am meisten Werbeinserate bezahlte, wurde am häufigsten aus-gewählt für die Shootings.

Für mich war das Ganze schockie-rend. Denn ich dachte, meine Mode-bibel würde Designer ehren und feiern und nicht nur nach Werbe-einschaltungen gehen. Ein herbes Erwachen für mich, aber ich bin dankbar dafür gewesen.

Ich kehrte der Modewelt den Rücken zu und kann bis heute den Hype um gewisse Designerstücke nicht verstehen. Wenn dir etwas gefällt und du denkst, dass du es haben willst, ok, kauf es. Meine Erfahrung hat mir gezeigt, dass um gewisse Produkte ein riesiger Hype und damit auch große Be-gierde geschaffen werden – und wer sich dieses ganz spezielle Teil dann kauft, ist für einen kurzen Augen-blick tatsächlich stolz, glücklich und denkt sich: Wow. Am Ende ist eine Handtasche nur eine Hand-tasche, ein Paar Sneakers nur ein Paar Sneakers und, um es ganz runterzubrechen: All diese Dinge sind Gebrauchsgegenstände. Ich habe Kleidung und Accessoires von Gucci, Chanel und Co. zu Hause liegen. Definieren sie meinen Stil? Wohl kaum. Sie sind Überbleibsel einer Zeit, in der ich dachte, dass es wichtig sei, teure Designersachen zu besitzen. Meinen Stil habe ich erst gefunden, als ich mich von diesen Konstrukten gelöst habe.

Für mich war es hilfreich, meinen Kleiderschrank auszumisten, um meinen Stil zu finden. Ich habe drei Viertel meiner Kleidung weggegeben. Die Kleidungsstücke, welche ich wirklich gerne trage, durften sofort zurück in den Kleiderschrank. Beim Rest habe ich geschaut, ob er zu den Teilen passt, die bereits im Kleiderschrank hängen und ob ich mich darin wohlfühle. So flog einiges raus und dadurch bin ich draufgekommen, dass ich mir vieles nur gekauft habe, weil es einem Trend entsprach und ich ein Bild von mir im Kopf hatte, wie ich wirken wollte. Die Modewelt verkauft nicht nur Kleidungsstücke, sie verkauft eine Illusion, wer du sein kannst, wenn du dieses und jenes besitzt.

Deswegen setze ich lieber auf bequeme Kleidung, die sich kombinieren lässt.

BEEN AROUND THE WORLD ...

„Das musst du gesehen haben… Nein, muss ich nicht…"

Reisen ist für mich ein sehr wichtiger Bestandteil meines Lebens. Ich hatte das Glück, dass meine Eltern große Liebhaber des Individual-Tourismus waren und ich so schon sehr jung in Berührung mit Orten kam, die abseits von den gängigen Routen liegen. Dörfer in Ost-Anatolien, wo alles noch war wie vor hundert Jahren, oder Ausgrabungsstätten, die „vergessen" wurden und somit komplett frei begehbar. Das sind nur zwei der unzähligen Erinnerungen aus meiner Kindheit.

Reisen war für mich damals schon das pure Gefühl von Freiheit. Meine Mutter war in früheren Jahren ein Hippie und erzählte mir von ihren Reisen. Ihre Erlebnisse waren meine Gute-Nacht-Geschichten. Und so träumte ich davon, Chai in Indien zu trinken, tauchen zu gehen in der Karibik und die Tempel von Indonesien zu sehen.

Erst bei meinem dritten Besuch in Paris ließ sich meine Mutter überreden, mit mir den Eiffelturm aus der Nähe anzusehen. Sie zeigte mir lieber verrückte kleine Cafés, Graffitikunst und meinte: „Du wirst eine Stadt nur dann erleben, wenn du dich dorthin begibst, wo die Menschen sind, die hier auch leben." Was leider auch dazu führte, dass wir auf unseren Endeckungstouren sowohl in New York als auch Paris plötzlich in zwielichtigen Gegenden landeten. Aber im Nachhinein kann ich darüber lachen.

Als ich älter wurde, verstand ich, dass diese Art von Reisen nicht dem gängigen Modell des Urlaubs entsprach. Viele Freund*innen in meinem Umfeld machten Urlaub in Hotelanlagen. Unsere Urlaube hatten wenig mit reiner Entspannung zu tun. Klar gab es faule Tage am Strand, aber an Stränden, wo wir die Einzigen waren und der Weg dorthin einem Abenteuer glich. Und ich liebte diese Abenteuer.

Mein Lieblingsstrand als Kind war in Zypern, wo Schildkröten ihre Eier ablegten und wo bis auf eine Umweltschutzstation, eine kleine Bar und ein paar verschrobene Forscher*innen weit und breit nichts und niemand war. Rückblickend bin ich meinen Eltern sehr dankbar, mir diese Art von Reisen gezeigt zu haben, denn ich denke, dass ich dadurch gelernt habe, offener und mutiger zu sein und Abenteuer nicht zu fürchten. Als ich studierte, reiste ich kaum. Mir fehlte das Geld. Die Ferien, die ich hatte, nutzte ich für Praktika.

Nach der Uni zog ich nach Berlin und Amsterdam. Da blieb weder Zeit noch Geld fürs Reisen. Dort zu wohnen war oftmals Abenteuer genug. Aber tief in meinem Herzen fehlte mir etwas. Ich sehnte mich sehr danach, Länder und Orte zu entdecken, die ich bisher nicht kannte. Mit Beginn meiner Selbstständigkeit fing ich wieder an zu reisen. Oft waren es Business-Trips, an die ich ein paar Tage anhängte, um allein die Stadt zu erkunden.

Aber da war auch noch dieser Traum, den ich hatte. Ich wollte unbedingt nach Thailand. Diese Reise stand eigentlich schon mit 19 auf dem Plan. Doch dann lernte ich jemanden kennen und verschob die Idee auf die Zukunft.

Und so ging es dahin. Beziehung, Job, Leben, immer war „etwas", und plötzlich war ich 27 Jahre alt, Single und dachte mir: „Fuck, wenn ich weiter drauf warte, die Reise mit jemandem zu machen, wird das nichts."

Also buchte ich für Jänner 2018 vier Wochen allein durch Thailand. Und wieder kam das Leben dazwischen, ich lernte zwei Monate vor meiner Abreise jemanden kennen, wir kamen zusammen und ich haderte. Soll ich wirklich fahren? Ich tat es. Es war eins der schönsten Erlebnisse meines bisherigen Lebens. Ich lernte Menschen kennen, die mich unglaublich inspirierten, sah umwerfende Orte, kam zurück und wusste, dass ich mir damit einen Traum erfüllt habe.

Allein zu reisen macht uns Angst, weil wir glauben, unterwegs einsam zu sein. Ich war keine Sekunde meiner Reise wirklich allein. Ok, nicht ganz wahr. Eine Nacht in einer Hafenstadt hatte ich mal keine Wegbegleiter, aber sonst war ich nie allein. In jedem Hostel lernte ich Leute kennen, mit einigen reiste ich weiter.

Die Beziehung hielt trotz der Distanz. Leider zerbrach sie dann genau vor einer weiteren Asienreise. Wir wollten gemeinsam nach Vietnam und ich freute mich sehr darauf, endlich gemeinsam durch ein fremdes Land zu reisen. Nur mit wenig Gepäck und so basic wie möglich. Am Ende trat ich die Reise allein an, weil er mich davor verließ. Auch das habe ich absolut nicht bereut, denn am Ende

MEINE MUTTER WAR IN FRÜHEREN JAHREN EIN HIPPIE UND ERZÄHLTE MIR VON IHREN REISEN. IHRE ERLEBNISSE WAREN MEINE GUTE-NACHT-GESCHICHTEN.

konnte ich so meinen Liebeskummer verarbeiten, neue Erfahrungen sammeln, lernte unfassbar tolle Menschen kennen und sah ein Land, welches mir den Atem raubte.

Ich empfehle jedem Menschen, einmal im Leben allein zu verreisen. Alleinreisen ermöglicht dir eine völlig unbekannte Erfahrung, an der du wachsen kannst.

Du wirst mit Menschen reden, mit denen du sonst nie ins Gespräch gekommen wärst, und am Ende wirst du stolz auf dich sein, dass du alles so gut gemeistert hast. Die Angst vor Neuem hindert uns in so vielen Bereichen, aber nur für den, der sie überwindet, eröffnet sich ein unendlicher Horizont.

TIPPS FÜR DIE ERSTE REISE ALLEIN

⭐ Fang klein an, es muss nicht gleich eine Weltreise sein. Ein Weekend-Trip in eine Stadt, die du immer mal sehen wolltest, ist ein toller Einstieg.

⭐ Es kann schnell mal langweilig werden, wenn man sechs Stunden mit einer Fähre zu einer Insel fährt. Deswegen am besten eReader einpacken und Tagebuch mitnehmen. Denn oft kommen Themen und Gefühle hoch beim Alleinreisen. Aber das ist gut, denn so kann man sie in Ruhe reflektieren.

⭐ Mach Führungen, Sightseeing-Touren, Pub Crawls oder was dein Reiseziel sonst so anbietet. Ich habe in Asien oft Touren gebucht und so die unterschiedlichsten Leute kennengelernt. Es ist ein einfacher Weg, neue Kontakte zu knüpfen und man hat gleich Gesprächsstoff.

⭐ Aktiv auf Leute zugehen. Du wirst erstaunt sein, wie offen die meisten darauf reagieren. Ich hab eines der nettesten Pärchen am Flughafen kennengelernt, weil ich gehört habe, dass sie Deutsch sprechen und ich meinte: „Hey, woher seid ihr? Fliegt ihr auch nach Chiang Mai?" Am Abend saß ich dann mit ihnen beim Abendessen und am nächsten Tag machten wir eine Stadttour. Hat es mich Überwindung gekostet? Ja. Bin ich tot umgefallen? Nein. Also trau dich!

⭐ Als Frau allein zu reisen ist sicherlich anders als für einen Mann. Deswegen verstehe ich die Bedenken, aber es gibt einem auch etwas zurück, was sich nicht wirklich in Worte fassen lässt. Man fühlt sich stärker und unabhängiger, man steht mehr für sich ein und wird klarer in seinem Handeln.

⭐ Schreib auf: Wo wolltest du schon immer einmal hin? Was sind deine Ängste in Bezug auf das Alleinreisen? Was ist das Schlimmste, was passieren kann? Denk daran: Zurückfliegen oder sich einfach in ein Hotel mit Spa zurückziehen, bis der Urlaub zu Ende ist, sind immer Optionen!

AUF REISEN lernst du dich selbst und auch deine Reisebegleitung erst richtig kennen. Ich habe auf Reisen Freund*innen gefunden und leider auch dadurch verloren. Vermutlich wird dir erst durch das Verlassen deiner Komfortzone so richtig bewusst, wer du eigentlich bist – und auch, wer diese Person ist, die mit dir unterwegs ist. Auf Reisen reihen sich atemberaubende Erlebnisse, wehmütige Momente, wichtige Lektionen über Eigenverantwortung und große, vielleicht nicht immer schöne Erkenntnisse über das Leben dicht aneinander wie die Perlen an einer Perlenkette. Vor allem, wenn man abseits der ausgetretenen Touripfade reist und ein Land auf eigene Faust erkunden möchte, ist man gewissermaßen gezwungen, mit offenen Augen durch die Welt zu gehen. Nur so erlebt man ein Land und seine Bevölkerung wirklich authentisch. Mit meinem ersten eigenen Geld habe ich mir die ersten richtigen Fernreisen geleistet, und auf diese wertvollen Erfahrungen blicke ich mit sehr viel Stolz und Freude zurück. Auch wenn manche Reisen echte „Fails" waren, so konnte ich doch immer Erkenntnisse für mich mitnehmen, die mir auch im späteren Leben von Nutzen waren.

Ich habe gelernt, mich optimal auf Reisen vorzubereiten, habe die perfekte Packtechnik für Rucksäcke und Koffer gefunden, ich weiß genau, mit welchen Menschen ich mich auch unterwegs gut verstehe, auf wen ich mich verlassen kann und dass ich vor einem größeren Trip mindestens zwei Tage Urlaub brauche. Diese Zeit benötige ich, um mich geistig auf das Wegfahren vorzubereiten und um meine Wohnung in perfektem Zustand verlassen zu können. Was soll ich sagen, ich liebe nunmal das Gefühl, in eine saubere, ordentliche Wohnung heimzukommen! Übrigens: Die Erkenntnis, dass Solo-Reisen oft heilsam sind und man durch sie eine gewisse (und oftmals dringend notwendige) Distanz zum eigenen Leben erlangen kann, zählt zu den wichtigsten meines bisherigen Lebens. Im zermürbenden Alltag siehst du den Wald vor lauter Bäumen nicht. Du spürst dich selbst nicht mehr und Unzufriedenheit macht sich breit. Höchste Zeit für einen Ortswechsel! Denn erst dann, wenn du dich selbst völlig verlierst und auf Neues einlässt, wird dir wieder klar, dass das, wonach du so lange gesucht hast, immer direkt vor dir lag.

DIE FAMILIE, DIE MAN SICH SELBST AUSSUCHT

Es gibt die Art von Freundschaft, der man sich sicher sein kann, auch wenn man sich nicht jeden Tag sieht oder hört. Freundschaft ist in erster Linie ein Gefühl: Das Gefühl, jederzeit mit dieser Person anknüpfen zu können, egal, wie viel Zeit vergangen ist. Gerade in der schlimmsten Zeit meines bisherigen Lebens, der Zeit nach einer Trennung, wurde mir klar, wie wichtig eine solide Gang ist: Menschen, auf die du dich verlassen kannst, die mit dir auf Konzerte gehen, billiges Bier bis zum Umfallen saufen und dir den Kopf über der Schüssel halten, während du alles auskotzt – inklusive deiner Gefühle.

Richtig gute Freund*innen zu finden und auch zu behalten ist keine Kunst, aber viel Arbeit. Jede Beziehung braucht Pflege, vor allem so komplexe Verbindungen wie Freundschaften. Zwar können auch lose Bekanntschaften, wilde Partynächte, leidenschaftliche Gespräche und intime Momente mit Fremden eine gewisse Befriedigung verschaffen, aber um einen Menschen zu finden, mit dem man familienähnliche Bande knüpfen kann, dafür braucht man Glück, Einsicht und Ausdauer.

Es stimmt: Freund*innen sind die Familie, die man selbst wählt. Oftmals ersetzen sie sogar die Familie, denn nur weil man blutsverwandt ist, muss man noch lange nicht eng miteinander sein. Aber selbstverständlich kann auch ein Familienmitglied ein*e wahr*er Freund*in sein.

Ich habe das Glück, in einer Familie aufgewachsen zu sein, die nicht nur mein Heimathafen ist, sondern mit der ich auch wirklich gerne Zeit verbringe. Das wurde mir an meinem 30. Geburtstag wieder klar. Meine großartige Mama, die ich auch als eine meiner engsten Freundinnen

sehe, hat ein berührendes Video mit sämtlichen Momenten meiner Kindheit und Stationen meines jungen Erwachsenenlebens zusammengestellt, an das ich selbst heute nicht denken kann, ohne dass mir sofort Tränen in die Augen steigen. Sie hat Bilder zusammengetragen, auf denen Freund*innen von mir zu sehen sind, mit denen ich auch heute noch eng befreundet bin. Menschen, die mein Leben seit Jahrzehnten begleiten und die mich oft schon von klein auf kennen. Zwar könnten unsere Leben gar nicht unterschiedlicher sein, aber wir schaffen es dennoch, uns diese innige Vertrautheit zu bewahren und wir schaffen es eben deshalb, weil wir immer interessiert am Leben der anderen Person sind und nicht unser eigenes Wertekorsett über das andere Leben stülpen.

Meine Freund*innen und ich geben einander die Freiheit, so zu sein und zu leben, wie wir es für richtig halten. Es gibt keine anmaßenden, respektlosen Fragen zum Privatleben, keine blöden Kommentare oder das Gefühl, es der anderen Person „beweisen" zu müssen. Im Endeffekt zeigt sich erst nach vielen Jahren, wer ein*e richtig*e Freund*in ist und wer nur eine vorübergehende Erscheinung in deinem Leben war. Klar gibt es Menschen, die sich faszinierend anfühlen und bei denen du vom ersten Moment an das Gefühl hast, sie schon ewig zu kennen, aber das allein macht noch keine Freundschaft aus.

Wahre Freund*innen sind das Korrektiv, das jeder von uns braucht, und der Kompass, der uns auf Kurs hält, wenn wir nicht mehr weiterwissen. Ein*e wahre*r Freund*in muss weder besonders „cool", berühmt, reich oder schön sein, um diese Bezeichnung zu verdienen. Ich weiß, dass viele Menschen aus dem Kreativbereich sich gerne mit schillernden Persönlichkeiten schmücken, um sich selbst aufzuwerten, aber Freundschaften sind niemals ein Mittel zum Zweck und schon gar nicht für das Aufmotzen des eigenen Egos zuständig. Auch ich hielt mich irgendwann mal für besonders cool, wenn irgendein DJ oder ein Model zu meiner Geburtstagsparty kam, aber die Wahrheit ist, diese Oberflächlichkeiten sind völlig gleichgültig. Was zählt ist, miteinander lachen und weinen, ungeschminkt auf der Couch Pizza essen und authentisch sein zu können. Was zählt, sind Menschen, die sich nach zuhause anfühlen. Wirklich wichtig sind die Leute, die schmerzvolle Momente mit dir teilen und wissen, wann es besser ist, die Klappe zu halten. Menschen, die dich nicht aufgrund deiner One-Night-Stands, deiner gescheiterten Beziehungen, deiner Partyeskapaden, deiner gelegentlichen Kaufräusche oder deiner Follower*innen bewerten, sondern dich nur um deiner selbst willen lieben, sind es wert, an deiner Seite bleiben zu dürfen.

Auch wenn viele Menschen es als Manko empfinden, wenn sich die eigene Liebesbeziehung zunehmend nach Freundschaft und nicht mehr nach dem anfänglichen Liebesdrama anfühlt, bin ich der festen Überzeugung, dass gerade Beziehungen von einer Freundschaft und einer innigen Verbundenheit als Fundament enorm profitieren können. Gerade dein*e Partner*in ist die Familie, die du dir selbst aussuchst und gleichzeitig der Mensch, mit dem du vermutlich die meiste Zeit deines restlichen Lebens verbringen wirst. Da wäre es doch blöd, wenn man den anderen freundschaftlich gar nicht schätzen würde – oder?

FREUND*INNEN SIND die Familie, die man sich aussucht. Deswegen sollte man sie weise wählen. In meinem Leben hatte ich schon viele gute Bekanntschaften, aber wahre Freund*innen kann ich an einer Hand abzählen.

Was ich die letzten 15 Jahre lernen durfte, war, dass Freundschaften sich verändern dürfen. Dass man sich manchmal voneinander lösen muss, um in der Zukunft wieder zueinander zu finden.

Meine beste Freundin und ich kennen uns seit dem Gymnasium. Wir haben alles miteinander erlebt. Sie wusste über alles Bescheid. Im Grunde war sie die Schwester, die ich nie hatte. Viele dachten auch, dass wir Schwestern seien. Man sah uns immer zu zweit. Als ich nach Berlin zog, war sie es, die ich am meisten vermisste. Zusammen hatten wir die verrücktesten Nächte und teilten die lustigsten Insider.

Dennoch kam der Punkt, an dem unsere Freundschaft nicht mehr funktionierte. Ich war zurück in Wien, mir ging es damals psychisch nicht gut. Es ist nicht an einer einzigen Sache festzumachen, an was es

scheiterte. Aber da war es plötzlich: Stillschweigen nach einer Diskussion. Keine von uns bewegte sich einen Schritt auf die andere zu. Wir lebten jede für sich ihr Leben. Das ging für knapp drei Jahre so. Mir fehlte diese Verbindung unendlich. Denn kein Mensch kannte mich wie sie.

Dann das Weihnachtswunder: Auf einer Feier sahen wir uns wieder und plötzlich war er da, der Moment, in dem wir beide verstanden, dass wir uns uns einfach nicht mehr ignorieren wollten. Wir weinten gemeinsam, entschuldigten uns und machten Party mit einem verkleideten Weihnachtsmann. Danach trafen wir uns, sprachen uns aus, aber es war nicht mehr das Gleiche wie früher. Wir kannten einander nicht mehr so, wie wir vor drei Jahren waren. Jede hatte ihr Leben gelebt, Erfahrungen gemacht und war nun an einem anderen Punkt. Mein Bedürfnis, dort wieder anzufangen, wo wir aufgehört haben, erfüllte sich nicht. Aber wir blieben in Kontakt. Machten immer mehr miteinander und schufen neue Erinnerungen. Vier Jahre nach dem ersten Treffen sind wir wieder in dieser tiefsten Verbindung, die wir vor unserer Freundschafts-Pause hatten.

Wir wissen alles voneinander, aber haben gelernt, über unsere Bedürfnisse in der Freundschaft zu sprechen. Wir haben gelernt, einander nicht als selbstverständlich zu erachten, aber auch anzuerkennen, dass wir zwei verschiedene Persönlichkeiten sind, die anders mit Situationen umgehen. Was nicht bedeutet, dass eine es mehr raushat als die andere, sondern dass wir uns dadurch noch mehr darin unterstützen können, einen anderen Blickwinkel auf Situationen zu bekommen.

Es war beschissen ohne meine beste Freundin, aber rückblickend bin ich dankbar für die Lehre, die ich aus der Pause ziehen durfte. Denn ich weiß jetzt, Freundschaften muss man pflegen und sich immer wieder ehrlich gegenseitig sagen, wie es in der Beziehung zueinander aussieht. Oft schweigen wir, weil wir denken, dass man in einer Freundschaft nicht darüber reden muss, dass das schon wieder wird.

Aber das stimmt nicht: Beziehungen, egal ob partnerschaftliche, familiäre oder freundschaftliche, sind Arbeit. Sie erfordern Kompromisse, Zeit und viel Kommunikation. Ich liebe meine beste Freundin, ich liebe unsere Insider und ich liebe es, wie wir uns entwickelt haben. Aber ich werde sie nie wieder als selbstverständlich ansehen.

WIE SOZIAL SIND EIGENT- LICH SOZIALE MEDIEN?

Meine Hand tastet automatisch nach links, wenn ich morgens aufwache. Ich greife zu meinem Handy, die Augen noch nicht ganz offen tippe ich automatisch auf WhatsApp, Instagram und Co. – schnell alles durchgehen. Nachrichten, lustige Bilder, Emojis. Ich scrolle, ich like noch vor meinem ersten Kaffee.

Dann gehe ich in die Küche, drehe Musik auf, mache eine Story. Halte Momente meines Lebens fest, packe meinen Alltag in 15-Sekunden-Videos. Und nach 24 Stunden sind sie weg. Als wäre nie etwas gewesen. Und dennoch kennen dich zigtausende Menschen, ohne je ein Wort mit dir geredet zu haben.

Die andere Seite: eine Leere, die sich einstellt, wenn keine Nachrichten ankommen, keine Reaktionen auf Stories, keine lustigen Memes. Über Social Media denken manche, sie seien das Ende zwischenmenschlicher Beziehungen, für andere ist es eine Möglichkeit, Gleichgesinnte zu finden, die sie sonst nicht erreichen würden. Für mich ist es irgendwas dazwischen.

Ich fände es absurd, wenn ich jetzt Tipps geben würde, wie ein gesunder Umgang mit Social Media aussehen kann. Immerhin verbringe ich 2 ½ Stunden pro Tag auf Instagram. Natürlich gehört dies zu meinem Job, nichtsdestotrotz lasse ich mich allzu leicht von Memes oder Videos ablenken.

Viel Zeit auf Social Media zu verbringen, hat Auswirkungen. Man vergleicht sich automatisch unentwegt, schaut, was die anderen machen, würde auch lieber am Strand chillen als in der viel zu kleinen Wohnung. Früher kam einem die eigene Wohnung noch nicht so klein vor, sondern erst, als man gesehen hat, wie die anderen wohnen. Wieso hat eigentlich jeder ein Haus mit Garten? Eine*n Partner*in? Was ist da los? Und so rattert es dahin im Kopf, während man bis ins Unendliche scrollen kann.

Ich persönlich habe mir ein Tageslimit gesetzt für die einzelnen Apps, mir abends eine generelle Sperre auferlegt, welche ich leider viel zu gerne und zu oft breche, und habe mir zusätzlich einen Handy-Platz eingerichtet. Handy-Platz?, fragst du dich jetzt vielleicht. Ein Handy-Platz ist ein Ort in der Wohnung, an dem das Handy liegt und genutzt wird. Das heißt, ich nehme es nicht mit durch die Wohnung, sondern nutze es ausschließlich an diesem einen Ort. Wer es sich extra schwer machen will, kann einen Platz wählen, der unbequem ist, zum Beispiel dadurch, dass man dort nur stehen kann. Dieser Trick hat dazu geführt, dass ich definitiv weniger scrolle und ich das Handy vor allem nur dann nutze, wenn ich arbeite.

Ohne Social Media wäre ich arbeitslos, woran man erkennen kann, welche unglaubliche Macht diese Apps haben. Als mein Profil einmal von einem Tag auf den anderen von Instagram gelöscht wurde, wurde mir erstmals bewusst, dass ein ganzer Berufszweig, nämlich die „Influencer*innen", in kompletter Abhängigkeit zu den sozialen Medien stehen.

Was auch dazu führt, dass sich sicherlich einige zweimal überlegen, was sie posten, um nicht gesperrt zu werden. In meinem Fall war es so, dass ich das Wort „Sex" als Beschreibung für Sinahs und meinen Podcast genutzt habe. Was wiederum dazu geführt hat, dass ein einzelner Mann mich melden konnte, mir vorwerfen konnte, den Richtlinien nicht zu entsprechen – und damit war mein Konto für eine Woche gesperrt.

Mit Müh und Not habe ich es zurückbekommen, was natürlich zur Folge hatte, dass ich in der Zeit einen kompletten Arbeitsausfall hatte. Noch schlimmer: Es war nicht nur mühsam zu eruieren, wie ich nun weitermachen kann, sondern es war zu dem Zeitpunkt noch nicht einmal sicher, dass ich den Account überhaupt wieder bekomme. Plötzlich war in Frage gestellt, wie ich in Zukunft meinen Unterhalt verdienen könnte.

Jetzt kann man sagen: Wieso hast du kein zweites Standbein? Aber wer hat das schon, bei einem gut gehenden Business, auf welches man sich Vollzeit konzentrieren muss? Das ist in etwa so, als würde man das Geschäft von jemand anzünden, der steht vor den Trümmern seiner Existenz und dann fragt man: Hey, wieso hast du kein zweites Standbein?

Und das ist wiederum etwas, was ich an der Online-Welt kritisieren muss: die Doppelmoral, die gelebt wird. Wir würden nie zu anderen so hasserfüllt sein, wie wir es oft online sind.

Keiner, der nur ein bisschen Manieren hat, würde auf der Straße eine fremde Person ansprechen und sagen: „Du bist hässlich / zu dick / zu dünn" etc. Online scheint dies alles in Ordnung zu sein. Wenn man sich über Kommentare dieser Art beschwert, heißt es oft: Naja, du musst ja nichts posten. Stimmt, das muss niemand, aber wer sagt, dass man scheiße zu anderen sein muss, nur weil man denkt, das Internet schütze einen? Vor allem: Welche Befriedigung verspricht man sich davon? Ich zitiere, was das angeht, gerne aus dem Film „Bambi": *If you can't say something nice, don't say anything at all."*

KEINER, DER NUR EIN BISSCHEN MANIEREN HAT, WÜRDE AUF DER STRASSE EINE FREMDE PERSON ANSPRECHEN UND SAGEN: „DU BIST HÄSSLICH / ZU DICK / ZU DÜNN" ETC. ONLINE SCHEINT DIES ALLES IN ORDNUNG ZU SEIN.

Wer kennt das nicht: Man steht bei der U-Bahn, wartet auf den nächsten Zug und klickt schnell mal die Apps durch, die man so nutzt. Es ist gar nicht so selten, dass man in einem solchen Moment etwas zu lesen bekommt, was einen unangenehm berührt. Sei es, weil es einen triggert oder weil es einfach Nachrichten sind, die unter die Kategorie „Hate" bzw. auch Mobbing fallen.

Das heißt nicht, dass kritische Fragen oder höfliches Feedback unerwünscht sind. Aber die Frage ist doch grundsätzlich: Welchen Zweck verfolgt eine Äußerung?

Wenn jemand, dem ich folge, etwas postet, was andere Menschen vielleicht verletzen könnte, zum Beispiel eine unüberlegte Aussage, kann man freundlich darauf hinweisen, wenn man das Bedürfnis hat. Wie im echten Leben gilt: Der Ton macht die Musik – und in schriftlicher Form kann es schnell mal zu Missverständnissen kommen.

Dennoch – was bringt es der betreffenden Person, zu wissen, dass man zum Beispiel deren Hose nicht cool findest? Vor allem, wenn sie nicht danach gefragt hat.

Ich habe seit 2012 einen Instagram-Account, und was ich erschreckend finde, ist, dass es leider immer Männer sind, die denken, es besser zu wissen. Spannenderweise auch bei Themen wie Periode oder sexuelle Selbstbestimmung als Frau. Mir wurde erst durch Social Media bewusst, dass diese Themen gerne von Männern genutzt werden, um einem ihre Meinung über die Welt zu erzählen. Nur hat man selten danach gefragt.

Dennoch ist es eine Hassliebe. Man würde gern ohne, aber irgendwie kann man dann doch nicht. Denn ganz ohne Social Media macht sich schnell mal FOMO breit. Zumindest ging es mir so, als mein Instagram-Konto gesperrt wurde. Es war zwar nur eine Woche und abseits von dem Stress, den es ausgelöst hat bezüglich meiner finanziellen Existenz, war ich damals gerade in Berlin gelandet und wollte eine Woche Urlaub machen, alte Freunde wieder treffen usw. Erst da fiel mir auf, dass ich von einigen Menschen gar keine Telefonnummern mehr habe, sondern nur noch über Instagram mit ihnen verbunden bin. Aber auch Tipps, was ich in der Stadt alles unternehmen kann, fehlten mir dadurch. Klar, es gibt Google. Aber ich nutze beim Reisen gern Instagram, um mir Tipps für Lokale oder Second Hand Shops zu holen.

Durch diese Sperre wurde mir bewusst, wie abhängig man zu sein glaubt. Denn im Endeffekt habe ich auch ohne Instagram coole Lokale und nette Shops entdeckt. Aber natürlich ist man mit der Hilfe der App oftmals effektiver und geht weniger Kilometer.

Aber gerade Umwege führen einen zu neuen Orten und man entdeckt einen Ort wieder selber. Denn ist es wirklich so spannend, ein Lokal zu besuchen, wo alle hingehen, nur um ein Bild für Insta zu bekommen? Oder willst du lieber per Zufall auf einem mega coolen Streetmarket landen, der vielleicht nicht Instagram-worthy ist, aber dafür authentisches Essen liefert und im Grunde eine bessere Story abgibt als „Ich war da, wo alle vor mir auch schon waren".

Unserer Generation ist Effektivität und rasche Bedürfnisbefriedigung unfassbar wichtig. Und dies zieht sich durch so viele Bereiche unseres Lebens.

Lust auf Sex? Tinder.

Lust auf Party? Facebook-Events.

Lust auf leckeres Essen? *#viennafood* und schon weiß man, in welches Lokal man gehen will.

Wir leben in einer Welt, die immer schneller wird und fragen uns dann ernsthaft, wieso wir das Gefühl haben, ständig unter Strom zu stehen. Vielleicht weil wir es gewohnt sind, dauernd unterhalten zu werden und gelernt haben, dass alles schneller, besser und jetzt gleich sein muss.

Klar kann man wundervolle Inspirationen auf Social Media finden und auch Inspiration für andere sein, aber ab und zu das Handy mal zur Seite zu legen, schadet nicht. Durch die eigene Stadt flanieren, als wäre man nur zu Besuch, sich einfach in ein Café setzen, weil es nett aussieht, vielleicht einen Plausch mit dem Tischnachbarn starten und fragen, ob er etwas im Café empfehlen kann: Man sollte versuchen, wieder im Hier und Jetzt anzukommen.

Am Ende zählt nämlich nicht, du ahnst es, das schönste Instagram-Bild. Sondern welche Erinnerungen du für dich schaffen konntest.

WHAT SINAH SAYS

ICH HABE Social Media immer als Tools gesehen, die Großartiges bewirken, aber auch schreckliche Folgen haben können. Wir können über Social Media Communities bilden, Partner*innen finden und Freundschaften knüpfen. Aber Social Media können leider auch der Ort von Fake News, Mobbing und psychischen Belastungen sein. Aus diesem Grund nutze ich Apps wie Instagram extrem selektiv und ich nehme es mir auch heraus, nicht auf triggernde Nachrichten oder Kommentare zu antworten oder sie zu löschen, wenn ich keinen guten Tag oder auch einfach keine Lust habe. Mit der Zeit habe ich gelernt, meine eigene Psychohygiene über Likes und Follower*innen zu stellen. Es gibt Tage, da verbringe ich kaum fünf Minuten auf Social Media. Es gibt aber auch Tage, an denen macht es mich richtig glücklich, mich via Instagram und Co. auszutauschen und Details aus meinem Leben zu teilen. Wie bei allem macht eben die Dosis das Gift. Mit dem Erwachsenwerden kommen auch die Gelassenheit und die Erkenntnis, dass wir nicht jede Information unbedingt auch für unser eigenes Leben benötigen. Wenn du also die perfekten Körper der unzähligen Instagram-Models schon nicht mehr sehen kannst, dann entfolge ihnen. Wenn du das Gefühl hast, Influencer*innen und ihre perfekte Beziehung machen dich eher traurig als glücklich, dann entfolge ihnen. Lerne zu unterscheiden, welche Inhalte dich weiterbringen und dir ein gutes Gefühl vermitteln, anstatt dich von Inhalten runterziehen zu lassen. Ich gestalte mein „Dasein" auf Instagram so, wie ich es auch im echten Leben tue: Ich teile nur Infos, mit denen ich mich wohlfühle, ich denke nach, bevor ich Nachrichten oder Kommentare verfasse, und ich kommuniziere nur mit Menschen, mit denen ich mich auch im echten Leben unterhalten möchte.

ES WIRD ERNST

ERFAHRUNGEN WURDEN GEMACHT, Lehren wurden gezogen und irgendwann findet man sich an jenem Punkt, an dem es ernst wird und zukunftsweisende Entscheidungen anstehen. Will ich eine Familie gründen und gemeinsam mit diesem Menschen alt werden? Stehe ich sicher auf meinen eigenen Füßen und wie läuft das eigentlich mit den Pensionsversicherungen...?

Mach dir keine falschen Hoffnungen: Erwachsen zu sein ist nicht immer ein Zuckerschlecken und oft sogar ziemlich nervig. Auch mit 30+ kriegt man gelegentlich Panik, wenn man an all die Verantwortung denkt, die man zu stemmen hat. Plötzlich wünscht man sich, wieder 14 zu sein und Pizza essend auf dem Bett zu liegen, Foo Fighters zu hören und sich über nichts anderes den Kopf zerbrechen zu müssen als über den süßen Typen aus der 4b, der dich am Tag zuvor beim Schulsport angegrinst hat. Aber so ist das Leben nun mal – es ist immer in Bewegung, und Verantwortung zu übernehmen gehört einfach dazu. Unsere 14-jährigen Ichs wären stolz auf uns, wenn sie sehen könnten, wie wir Ausbildung, Job, Finanzen und unser Familienleben meistern. Darauf gleich mal einen Sekt. Wir sind Alltagsheldinnen!

GLÜCKLICH BIS ANS ENDE DEINER TAGE – ODER SO

Nichts auf dieser Welt ist so sehr geprägt von Märchen und Mythen und wird so sehr romantisiert wie das Finden des „perfekten" Partners oder der „perfekten" Partnerin. Im Leben eines jungen Menschen kommt irgendwann der Punkt, an dem man feststellen wird, dass es „den" perfekten Partner oder „die Eine" nicht gibt. Rein theoretisch es gibt einen ganzen Haufen Menschen, die relativ gut zu dir passen würden und mit denen du – zumindest am Papier – ein glückliches Leben führen könntest. Wären da nicht Hollywood und die fixe Idee von dem oder der Seelenverwandten, die jegliche Realitätsromantik zunichtemacht, bevor sie überhaupt aufkommen kann.

Ich habe nie viel davon gehalten, auf einen einzigen Menschen all meine eigenen Erwartungen, Träume und Hoffnungen zu projizieren. Und doch bin ich selbst unendliche Male dem Irrtum aufgesessen, man müsse nur *diese eine Person* treffen und der Rest ergebe sich von selbst. *Spoiler Alert:* Gerade wenn man diese eine Person trifft, mit der man tatsächlich ein gemeinsames Leben aufbauen könnte, wird es herausfordernd. Dann wird dir nämlich klar, dass nicht nur du in der Beziehung den Takt angibst, sondern dass da noch ein anderer Mensch ist, der samt seiner Bedürfnisse, Wünsche und Hoffnungen gehört und gesehen werden will. Wieder eine Sache, die die Generationen X, Y und Z lernen sollten: Eine Beziehung ist keine Einbahnstraße.

In den letzten Jahren habe ich gelernt, dass ich die sogenannte „Bilderrahmenperspektive" aufgeben muss. Was ist das, fragst du dich vielleicht. Nun: Wenn man jemanden kennenlernt und Gefallen an dieser Person findet, nimmt man zweifelsohne irgendwann die „Bilder-rahmenperspektive" ein, das heißt, man stellt sich vor, wie man neben diesem Menschen aussieht und wie ihr als Paar wahrgenommen werdet. Man malt sich aus, dass man (optisch) ein gutes Paar abgeben würde und blendet all das aus, was nicht perfekt ins Bild passt. Obwohl es völlig einleuchtend ist, dass man sich Partner*innen anhand spezifischer Attribute aussucht, verkennt diese Perspektive doch total, dass die andere Person vielleicht ganz anders denkt. Und was viel schlimmer ist: Man ignoriert potenzielle Partner*innen, weil sie auf den ersten Blick vielleicht nicht perfekt in diese Bilderrahmenperspektive passen. Dabei haben gerade Menschen, die man zu Beginn vielleicht gar nicht am Schirm hatte, oft das größte Überraschungspotenzial.

Und wo wir schon davon reden: Was stimmt eigentlich mit den „net-ten" Männern nicht? Ich kenne so viele großartige, intelligente Frauen, die auf Partnersuche sind und Männer oft ablehnen, weil sie ihnen „zu nett" sind. Wenn das nicht jeglichen Selbsthass, der jahrhundertelang in Frauen kultiviert wurde, ganz deutlich zum Vorschein bringt, dann weiß ich auch nicht. Was zur Hölle ist falsch an einem Mann, der dir ein gutes Gefühl gibt, sich um dich kümmern möchte, für dich da ist und einfach nur ein gutes Leben leben möchte? Eine Beziehung zu einem *Bad Boy* mag vielleicht kurzfristig aufregend und geil sein, aber ganz ehrlich: Ein Mensch, der seine Bedürfnisse immer über die deinen stellt, wird dich niemals dazu motivieren, das Beste aus dir und deinem Leben zu machen. Du wirst lediglich sehr viel Zeit damit verschwenden, auf Nach-richten zu warten, die niemals kommen werden, oder Pläne zu schmieden,

die kurzfristig wieder abgesagt werden. All das ist Zeit, die du in dich selbst investieren könntest, um dein Studium zu absolvieren, im Job voranzukommen, eine Familie mit jemandem zu gründen oder um einfach nur Dinge zu tun, die dich glücklich machen. Unzuverlässige, flatterhafte Menschen verwandeln sich selten über Nacht in den/die perfekte*n Partner*in und nein, sie kommen auch nicht ganz plötzlich darauf, was sie an dir eigentlich haben.

ICH HABE NIE VIEL DAVON GEHALTEN, AUF EINEN EINZIGEN MENSCHEN ALL MEINE EIGENEN ERWARTUNGEN, TRÄUME UND HOFFNUNGEN ZU PROJIZIEREN. UND DOCH BIN ICH SELBST UNENDLICHE MALE DEM IRRTUM AUFGESESSEN, MAN MÜSSE NUR DIESE EINE PERSON TREFFEN UND DER REST ERGEBE SICH VON SELBST.

Während ich früher immer der Meinung war, nur mit einem draufgängerischen, Lederjacken tragenden Bad Boy glücklich werden zu können, so weiß ich heute, dass das vielleicht in meiner Vorstellung spannend war, aber niemals in meine Lebensrealität und zu meiner Persönlichkeit gepasst hätte. Nach all meinen kuriosen Erfahrungen mit Männern jeglicher Art weiß ich, dass ich lieber doch nicht wie Lana del Rey in „Born To Die" mit gesichtstätowierten Fuckboys im Auto schmusen will. Auch wenn es vielleicht ein bisschen langweilig klingen mag: Ein gutes, zufriedenes Leben führen zu wollen, mit minimalem Drama und maximaler Zuverlässigkeit, ist kein Zeichen dafür, dass man spießig geworden ist, sondern zeugt von einer gesunden Portion Überlebensinstinkt und Egoismus. Und gerade diese Sicherheit ermöglicht es mir erst, mich auch in sexueller Hinsicht völlig fallen lassen zu können.

Auch wenn es schwierig ist, sollte man versuchen, sich von der Vorstellung des einen perfekten Partners oder der einen perfekten Partnerin zu lösen und offen für Überraschungen zu sein. Im Laufe eines Kennenlernprozesses kristallisiert sich sowieso heraus, ob man wirklich zusammenpasst oder lediglich der trügerischen „Bilderrahmenperspektive" auf den Leim gegangen ist. Aber wie findet man nun heraus, wer eine*n gute*n Partner*in abgeben würde?

Stelle dir diese Fragen und versuche, so ehrlich wie möglich zu antworten:

★ Welche fünf Eigenschaften sind mir bei anderen Menschen besonders wichtig?

★ Welches Leben möchte ich in fünf Jahren leben?

★ Mit welcher Art Mensch konnte ich in der Vergangenheit sehr gut –

und welche Art Mensch hat an mir immer das Schlimmste zum Vorschein gebracht?

⭐ Kann ich Muster in meinen ehemaligen Beziehungen erkennen, die ich nicht wiederholen möchte?

Meine Meinung ist übrigens, dass der oder die Richtige sich schon relativ bald als richtig herausstellt. Woran erkennt man zu Beginn einer neuen Bekanntschaft, ob es „mehr" werden könnte? Ganz einfach: Wenn dich ein Mann oder eine Frau nicht völlig verunsichert und dich nicht nach jedem Treffen mit Fragezeichen und einer gerunzelten Stirn zurücklässt, wenn man dich nicht auf Antworten warten lässt, man dir ein gutes Gefühl gibt und du generell das Gefühl hast, auf Augenhöhe zu sein, lohnt es sich, diese Bekanntschaft fortzuführen oder zumindest herauszufinden, ob sich daraus mehr entwickeln könnte. Eine Portion körperliche Anziehung ist natürlich ebenfalls von Vorteil. Damit meine ich allerdings nicht zwangsläufig das unbändige sexuelle Interesse an jemandem – das entsteht oft erst mit zunehmendem Vertrauen –, sondern die einfache Tatsache, dass man sich in der Gegenwart dieses Menschen körperlich wohlfühlt.

Sich selbst bei Dates zu beobachten, verrät einem viel darüber, wie wohl man sich wirklich mit jemandem fühlt:

⭐ Wippst du ständig mit dem Fuß unter dem Tisch?

⭐ Spielst du andauernd mit deinen Fingern, Haaren, irgendwelchen Details an deinem Shirt?

⭐ Rückst du instinktiv weg, wenn sich die andere Person dir nähert?

⭐ Kannst du die andere Person „gut riechen"?

Unsere Körper zeigen klar und deutlich, was sie von einem anderen Menschen halten. Wenn du dich interessiert nach vorne lehnst, während die andere Person spricht, du den Geruch der anderen Person wahnsinnig anziehend findest oder dich selbst dabei ertappst, wie du die Person bei jeder sich bietenden Situation berühren möchtest, dann kannst du ziemlich sicher sein, dass dein Körper ganz klar „Ja!" zu diesem Menschen sagt.

Als ich das erste Date mit meinem Freund hatte, fühlte ich mich so wohl wie selten in der Gegenwart eines Dates. Wir haben stundenlang über alles Mögliche gesprochen und ich merkte, wie entspannt mein Körper in seiner Nähe war. Ich denke mit großer Freude zurück an diese ersten Momente des vorsichtigen Annäherns, als ich mich jedes Mal freute, wenn er mich zufällig berührte oder wenn wir uns zur Begrüßung umarmten. Ich weiß noch genau, wie es sich anfühlte, als er mir zum ersten Mal während eines Gesprächs die Hand auf den Rücken legte. Es war eine so unschuldige Geste und dennoch fühlte es sich an, als würde ein Blitz durch meinen Körper zucken. Zwar hatte ich zu diesem Zeitpunkt keine Ahnung, wo das alles hinführen würde, aber ich wusste, dass ich dem Ganzen eine ernsthafte Chance geben wollte.

Genau das ist es, was den „richtigen" Partner oder die „richtige" Partnerin meiner Meinung nach ausmacht: der Wille, diese Person zur richtigen Person machen zu wollen. Die Idee, dass man diesen besonderen Menschen nur treffen müsse und alles andere ergibt sich dann wie von Zauberhand von ganz alleine, klingt zwar nach ganz großem Hollywood-Liebesdrama, ist aber keineswegs realistisch. Der „richtige" Partner ergibt sich dadurch, dass du ihn zum richtigen Partner für dich erklärst und ein gewisses Maß an Aufmerksamkeit und Energie in diese Beziehung zu stecken bereit bist. Es bedeutet, dass du diese Person nicht nach zwei Wochen wie eine heiße Kartoffel fallen lässt, weil dir die Farbe ihrer Hose nicht gefallen hat oder weil ihr nicht denselben Musikgeschmack teilt. Beziehungen entstehen dann, wenn wir Menschen nicht sofort entsorgen, wenn uns etwas an ihnen nicht passt, oder bei der kleinsten Kleinigkeit alles infrage stellen. Und bedeutsame Beziehungen beginnen dort, wo wir anfangen, unseren eigenen Egoismus zu hinterfragen und das Wohlergehen eines anderen Menschen zumindest neben unserem eigenen Egoismus parken.

BEZIEHUNGEN ENTSTEHEN DANN, WENN WIR MENSCHEN NICHT SOFORT ENTSORGEN, WENN UNS ETWAS AN IHNEN NICHT PASST UND BEI DER KLEINSTEN KLEINIGKEIT ALLES INFRAGE STELLEN. UND BEDEUTSAME BEZIEHUNGEN BEGINNEN DORT, WO WIR ANFANGEN, UNSEREN EIGENEN EGOISMUS ZU HINTERFRAGEN UND DAS WOHLERGEHEN EINES ANDEREN MENSCHEN ZUMINDEST NEBEN UNSEREM EIGENEN EGOISMUS PARKEN.

Offen gesagt bin ich absolut kein Fan von platten „Vergiss dich selbst und öffne dich für die Liebe"-Plattitüden. Ich finde, jeder Mensch sollte auf sich selbst achten und eine gesunde Portion Egoismus besitzen – egal, ob nun als Freundin, Ehefrau, Mutter oder als Single. Sich ständig für andere aufopfern zu müssen, bis man keine Ahnung mehr hat, wer oder was man eigentlich war, ist sicherlich nicht der Zweck einer Beziehung und gesund ist es schon gar nicht. Der Zweck von modernen Beziehungen liegt für viele Menschen darin, dass Partner*innen einander unterstützen und als Team gegen sämtliche Herausforderungen des Alltags antreten. Ein*e Partner*in, der bzw. die dich bei deinem Studium unterstützt, dir den Rücken freihält, wenn du einen völlig anderen

Karriereweg einschlagen willst, Verantwortung mit dir teilt und dich dazu ermutigt, dich selbst zu verwirklichen, hat diese Bezeichnung auch tatsächlich verdient. Eine Beziehung kann eine wunderbare Stütze, ein Anker und ein Hafen im Leben sein, aber man muss sich von der Illusion verabschieden, dass wir nur diesen einen einzigen Menschen finden müssen, der uns dann zu jeder Zeit, an jedem Tag unseres Lebens glücklich zu machen hat. Wer sich so etwas wünscht, sollte sich lieber einen Hund zulegen. Und selbst die lieben nicht bedingungslos.

Diese verkitschte Darstellung von dem, was eine Beziehung sein sollte, beraubt uns paradoxerweise der Möglichkeit, ein gutes Leben mit jemandem an unserer Seite aufbauen zu können. Täglich sehen wir händchenhaltende Pärchen auf Instagram, die sich gegenseitig mit Liebesbekundungen überschütten, ihre Verlobungsmomente ganz zufällig für ihre 220k Follower*innen mitfilmen („I Said Yes!!!"), sich gemeinsam Hunde, Häuser, Babies und Handtücher mit ihren Initialen anschaffen und all das scheinbar ohne auch nur einen einzigen Zweifel oder ohne je eine einzige sachliche Diskussion darüber geführt zu haben. Dafür scheinen diese Paare mit dem unbändigen Willen gesegnet zu sein, jeden dieser Momente in Sepia gefilterter, weichgezeichneter Perfektion mit ihrer Instagram Community teilen zu wollen. Kein Wunder, dass es uns stresst, wenn scheinbar jeder zu diesen grundlegend lebensverändernden Schritten imstande ist, ohne die wirklich interessanten Diskussionen zu dokumentieren: Aber was, wenn es nicht funktioniert? Wer sind wir abseits von unserer Beziehung und lieben wir einander genug, um die Bedürfnisse und die Persönlichkeit des anderen akzeptieren zu können? Wie gehen wir damit um, wenn sich unser Leben nicht als die Instagram-Realität herausstellt, die wir uns zusammenfiltern? Was tun wir, wenn wir scheitern?

Es ist völlig okay, wenn Postings mit Bildunterschriften wie, „Today I married my best friend <3" keine romantischen Gefühlsexplosionen in dir auslösen, sondern vielleicht sogar Angst. Es ist völlig okay, kein*e verklärte*r Romantiker*in zu sein. Es ist völlig in Ordnung, eine andere Vorstellung von Liebe und „perfekter Beziehung" zu haben, abseits von dem eintönigen Bild, das uns auf Instagram immer gezeigt wird. Es ist völlig okay, wenn du persönliche Momente nicht mit der ganzen Welt teilen willst – und es ist auch okay, wenn du überhaupt kein Interesse an Kinder kriegen und Hochzeitsplänen hast! Ich habe das Gefühl, dass die Zurschaustellung dieser „großen Momente" durch Social Media teilweise unglaubliche Dimensionen angenommen hat und dass sich viele Menschen verunsichert fühlen, wenn sie ihre Beziehung nicht auf die gleiche

Art und Weise feiern und öffentlich zeigen wollen. Damit möchte ich natürlich nicht sagen, dass man diese großen Momente nicht dokumentieren und sich über eine Verlobung oder ein Baby freuen darf, sondern dass Lebensmodelle ganz unterschiedlich sein dürfen und dass es okay ist, als Paar eigene Entscheidungen zu treffen und andere Wege zu gehen.

Ich habe großartige Paare in meinem eigenen Umfeld, die offen und ehrlich über ihre Beziehung, über Sex nach der Geburt eines Kindes, Lustlosigkeit, Affären und ihre eigenen Träume reden. Paare, die trotz allem ein Team bleiben und auch schwierige Zeiten gemeinsam meistern, ohne dabei zu vergessen, wer sie selbst als Individuen eigentlich sind, inspirieren mich. Aus diesem Grund liebe ich Gespräche mit älteren Paaren und stelle ihnen gerne die Frage: „Wie hält man es so lange miteinander aus?" Da kommen meistens ehrliche Antworten, von denen vor allem ein junger Mensch viel lernen kann. „Er schafft es immer, mich zum Lachen zu bringen und mir meine Sorgen zu nehmen", „Ihre Lebenslust ist ansteckend", „Er ist immer noch mein treuester Gefährte", „Sie gibt mir Halt" sind so viel nachhaltigere Liebeserklärungen als der einfallslose Schwur, den anderen immer und zu jeder Zeit aufrichtig lieben zu wollen.

„Wir erwarten von unserem Partner, unser bester Freund zu sein, unser innigster Vertrauter, unser leidenschaftlicher Liebhaber", erklärt Paartherapeutin Esther Perel[10]. Wir suchen oft nach Menschen, die völlig konträre Bedürfnisse in uns befriedigen und glauben, all das in einem einzigen Menschen finden zu können. Vielleicht hast du deine eigenen Erwartungen an eine Beziehung auch schon mal aus der Vogelperspektive betrachtet und dir gedacht: „Ich hab ganz schön hohe Ansprüche..." Man könnte es durchaus als überfordernd bezeichnen, von einem einzigen Menschen alles zu erwarten: Leidenschaft, Freundschaft, Liebe, Zugehörigkeit, Kameradschaft, Abwechslung und Stabilität... Die Liste jener Dinge, die ein*e Partner*in heutzutage verkörpern soll, ist schier unendlich, und in der modernen Vorstellung von einer perfekten Beziehung versuchen wir oft krampfhaft, unseren Hunger nach Abenteuer und Aufregung mit unserem Bedürfnis nach Nähe und Beständigkeit zu vereinen. Dieser Wunsch nach vertrauter Stabilität und Aufregung, kurz gesagt, die sexuelle Spannung in intimen Beziehungen zu halten, ist ein Widerspruch in sich und die vermutlich größte Herausforderung für Paare in der heutigen Zeit, denn nicht selten ist der Beginn von echter Intimität auch das Ende der Erotik.

Dennoch sind diese Debatten essenziell: Es ist schließlich das erste Mal in der Geschichte der Menschheit, dass Beziehungen nicht als wirtschaftliche Institution überlebensnotwendig sind, sondern gleichermaßen emotional und körperlich befriedigend sein sollen. Die Paartherapeutin Esther Perel rät ihren Klient*innen deshalb, die eigenen Erwartungen immer wieder mal zu adjustieren. Dieser Moment des Innehaltens ist nicht nur ein nützlicher Tipp zu Beginn einer Beziehung, sondern auch äußerst hilfreich in Langzeitbeziehungen und vor allem dann, wenn es um die Frage geht: „Ist dieser Mensch der Richtige für mich?"

WIE GEHEN WIR DAMIT UM, WENN SICH UNSER LEBEN NICHT ALS DIE INSTAGRAM-REALITÄT HERAUSSTELLT, DIE WIR UNS ZUSAMMENFILTERN? WAS TUN WIR, WENN WIR SCHEITERN?

Eine gesunde Portion Realismus schadet Beziehungen auf keinen Fall. Und das bedeutet nicht, dass man keine kitschigen Verlobungsfotos posten darf. Man sollte sich nur nicht vor wichtigen Fragen verstecken und annehmen, dass allein die Worte „Ich will" eine Garantie für ewige Treue und Liebe sind. Sachliche Entscheidungen und solide Lebenspläne machen für mich Romantik überhaupt erst möglich. Wahre Romantik ist das Leben, das man sich gemeinsam schafft und die Erfahrungen und Herausforderungen, die man gemeinsam meistert. Anstatt also immer auf der Suche nach neuen, besseren, schöneren, reicheren Partnerinnen oder Partnern zu sein, könnte man den Fokus wieder auf sich richten und sich dafür entscheiden, selbst der oder die Richtige für einen anderen Menschen sein zu wollen.

ICH DACHTE, ich hätte ihn gefunden, diesen ominösen „perfekten" Partner. Da war alles, was Sinah beschrieb: ein komplett entspanntes Kennenlernen, ein Gesehenwerden als Mensch – und ich war sehr verliebt in diesen Mann. Ich war unfassbar glücklich, aber auch stolz. Denn ich führte meine erste gesunde Beziehung auf Augenhöhe. Für mich ein großer Meilenstein.

Es lief alles gut. Wir konnten endlos reden, Streitigkeiten wurden ausdiskutiert und man stand füreinander ein. Ich war noch nie in meinem Leben so zufrieden und glücklich.

Aber um ehrlich zu sein, ich bekam auch Angst. Denn ich kannte es nicht. Ich kannte Typen, die sich nicht committen wollten, die immer Drama brauchten, um sich geliebt zu fühlen. Ich war selbst so. Nur dann, wenn es schon weh tat, spürte ich Liebe. Mit viel Arbeit an mir selber, vielen Therapiestunden und Selbsthilfebüchern hatte ich einen Punkt erreicht, an dem ich dies nicht mehr brauchte.

Ich befand mich in einer für mich gesunden Beziehung – und dennoch ging sie schief. Das machte mich fassungslos. Denn ich war mir sicher: Wenn es gut läuft, muss es doch funktionieren!

Was ich damit sagen will: Auch wenn du denkst, wow, endlich habe ich die gesunde Partnerschaft, kann sie kaputt gehen. Manchmal klappt diese Sache mit der gesunden Beziehung nicht beim ersten Anlauf. Manchmal ist die Liebe eben ein Übungsfeld. Ich gebe zu, ich war extrem enttäuscht, bis ich merkte, wo der Haken gewesen war: Ich hatte große Erwartungen. Und *Erwartungen sind geplante Enttäuschungen*.

Ich hatte die Erwartung, dass die erste gesunde Beziehung mich endlich zu meinen Visionen für die Zukunft bringen wird. Denn ich wünschte mir jemanden, mit dem ich mir etwas aufbauen konnte. Ich sah ihn als meinen zukünftigen Mann, zumindest für die nächsten Jahre, und den Vater meiner Kinder. Denn indirekt versprach er mir dies, indem er meine Pläne unterstützte, und ich dachte, er hält sein Wort. Für mich war klar, ich hatte ihn gefunden, und er bekam eine große Ladung Erwartungen ab. Ganz unbewusst. Und er hielt sein Wort, er war ein toller Mann, aber dennoch: Manche Hürden können auch gesunde Beziehungen nicht meistern.

Gefühle können leider vergehen, auch wenn sonst alles so perfekt scheint. Niemand ist davor gefeit. Wichtig ist bei all dem, nicht aufzugeben und sich selbst treu zu bleiben – für dich selbst, nicht für jemand anderen. Viele von uns streben nach einer Partnerschaft, und das ist etwas sehr Schönes und Kostbares. Aber dein Wert hängt nie davon ab, ob du Single bist oder nicht.

AUS ZWEI MACH EINS – DAS ZUSAMMENZIEHEN

Zusammenziehen ist ein großer Schritt, für den man bereit sein sollte. Es gibt Paare, die nach wenigen Wochen beschließen, sich eine gemeinsame Wohnung teilen zu wollen und es gibt Paare, die auch nach mehreren Jahren Beziehung immer noch auf getrennte Unterkünfte setzen. Ein richtig oder falsch gibt es nicht. Je nachdem, wie die finanziellen Voraussetzungen sind und wie ausgeprägt das eigene Bedürfnis von Unabhängigkeit ist, muss eine Beziehung nicht immer auch gleich heißen, dass beide denselben Wohnort teilen. Egal, ob man nun „nur zusammen", verlobt oder ein Ehepaar ist.

Ich habe viele Jahre als Single in der Großstadt gelebt und mich dadurch so sehr an meine eigenen vier Wände gewöhnt, dass ich momentan und nach vielen Jahren Beziehung immer noch nach dem Modell „Living Apart Together" lebe: Beide haben ihre eigene Wohnung und verbringen doch sehr viel Zeit gemeinsam in der jeweils einen oder anderen Behausung. Der Vorteil: Beide haben ihren Platz, um sich auszuleben und die Möglichkeit, ihren Wohnort nach Belieben zu gestalten. Der Nachteil: Auf die Dauer ist so ein Lebensmodell natürlich teurer und auch umständlicher.

Wenn es um Wohnungs- oder Haussuche geht, setze ich auf die Strategie: „Das richtige Objekt wird mich finden, nicht umgekehrt!" Die perfekte Immobilie zu finden ist ein bisschen wie Partner*innensuche: Immer die Augen offenhalten, aber nicht verbissen danach suchen. Und es kann Jahre dauern. Aber dennoch bin ich der festen Überzeugung, dass man nichts überstürzen sollte. Ein Leben zu zweit kann genauso schön sein, wenn man vorübergehend an unterschiedlichen Orten lebt – und viele unserer Zuhörer*innen berichten von durchaus glücklichen Fernbeziehungen.

Diese Art des Zusammenseins sorgt bei vielen besorgten Omas und Opas vielleicht für Stirnrunzeln, aber die Zeiten haben sich nun mal geändert – und wenn eine Frau ihre Unabhängigkeit genießen will, warum nicht?

Ich habe meinen eigenen Platz und meine Unabhängigkeit schon immer sehr geschätzt. Bis ich eine Wohnung oder ein Haus finde, das uns beiden einen gewissen Freiraum ermöglicht, sehe ich keine Notwendigkeit darin, überstürzt zusammenzuziehen. Und nein, darin erkenne ich überhaupt nichts Problematisches oder Unnormales.

Eingeengte Paare gehen sich schnell auf den Keks, das beobachte ich immer wieder. Wenn niemand einen wirklichen Rückzugsort hat – und das ist in der Stadt leider schnell der Fall – kann jede Kleinigkeit Streit provozieren. Wenn beide dann womöglich noch eine völlig unterschiedliche Vorstellung von Ordnung und Sauberkeit haben, ist das Chaos komplett und die Romantik dahin. So sehr man sich lieben

mag und auch, wenn man sich selten bis nie gegenseitig auf die Nerven geht: Einen gewissen physischen Freiraum brauchen beide und es bringt nichts, sich gegenseitig die Luft zum Atmen zu nehmen, nur um gesellschaftliche Konventionen zu erfüllen.

Wer den großen Schritt gewagt hat, tut gut daran, die Privatsphäre des anderen zu respektieren und auch dessen Habseligkeiten. Ein unüberlegtes „Dein Scheiß liegt hier ständig überall herum!" richtet oft mehr Schaden an, als es nützt. In einem Heim, das beide bezahlen, sollten sich auch beide zuhause fühlen. Keiner hat mehr Rechte als der andere.

Und noch etwas: Sollte das mit dem Zusammenwohnen nicht funktionieren und ihr trennt euch räumlich, muss das nicht unbedingt bedeuten, dass ihr euch

ICH HABE MEINEN EIGENEN PLATZ UND MEINE UNABHÄNGIGKEIT SCHON IMMER SEHR GESCHÄTZT.

auch als Paar trennt. Nur weil man das Bedürfnis hat, alleine zu wohnen, heißt das nicht, dass man den anderen nicht braucht oder liebt. Es bedeutet ganz einfach, dass beide sehr unterschiedliche Vorstellungen von einem Zusammenleben haben und friedlicher miteinander sind, wenn jeder seinen eigenen Wohnort besitzt.

COUCHGEFLÜSTER-
TIPPS:

★ Wenn du noch nicht bereit für das Zusammenziehen bist, kommuniziere das klar und deutlich und schäme dich nicht dafür. Es ist völlig in Ordnung, mit diesem großen Schritt warten zu wollen, bis es sich auch wirklich richtig anfühlt oder ihr den passenden Wohnort gefunden habt.

★ In eine „fremde" Wohnung zu ziehen, benötigt die Fähigkeit von beiden Seiten, sich anzupassen. Wenn du beispielsweise in die Wohnung deines Freundes ziehst, sollte dieser auch in der Lage sein, dir den nötigen Platz einzuräumen – ohne, dass du ihn dir mühevoll erkämpfen musst.

★ Ein Zusammenzug sollte sich nicht anfühlen, als wäre eine*r plötzlich der bzw. die Untermieter*in des anderen.

★ Sollte dies der Fall sein: Sucht euch *gemeinsam* eine *neue* Bleibe!

★ Zahlreiche Apps können dabei helfen, gemeinsame Ausgaben wie Betriebskosten, Haushaltskosten, Mietkosten etc. im Blick zu behalten. Ein Haushaltskonto, von dem Einkäufe bezahlt werden, macht außerdem Sinn, wenn man kein gemeinsames Konto haben möchte.

RICHTIG GUTER SEX –
SO GEHT'S!

Was macht richtig guten Sex aus? Heiße Küsse? Ein Orgasmus? Ich glaube, egal wen man fragt, man wird von jeder Person eine andere Antwort bekommen. Sicher, man wünscht sich Leidenschaft, man will das Feuer in den Augen des anderen sehen, das Begehren. Ich denke: Im Endeffekt geht es um die gemeinsame Energie. Wenn die passt, ist der Sex gut. Ganz egal, ob mit Orgasmus oder ohne.

Aber Energie hin oder her, eine Frage finde ich wichtig: Was kannst du selbst für richtig guten Sex tun? Und klar, damit meine ich nicht, dass du sexy Unterwäsche für dein Gegenüber anziehen musst.

Denn richtig guter Sex entsteht dann, wenn man sich im eigenen Körper wohlfühlt (wie oben beschrieben tut dann die Energie des Gegenübers ihr Übriges). Und da hapert es oft schon. Wie viele von uns fühlen sich oft nicht sonderlich gut in ihrem Körper? An der einen Stelle zu wenig, an der anderen Stelle zu viel.

Jede*r kennt das. Es ist vollkommen normal und wir selbst sind unsere größten Kritiker*innen. Aber vergiss nicht: Wenn dein Gegenüber schon so weit ist, dass er/sie dich nackt sehen will, wird er/sie nicht die Sachen zusammenpacken, nur weil du Cellulite oder ein Bäuchlein hast.

All diese Gedanken sind meist hinderlich für richtig guten Sex. Denn wir wollen uns fallen lassen und genießen. Ja, Brüste wackeln nunmal, auch ein A-Cup wackelt, jede Brust bewegt sich in irgendeiner Form. Sie sind auch nicht zwangsläufig gleich groß und kleine Brüste gehören auch nicht versteckt. Das ein oder andere Röllchen am Körper hat jede*r und Cellulite auch. Ein für alle Mal: Der Sex wird nicht besser (oder schlechter), nur weil man (k)einem Schönheitsideal entspricht.

Wir besprechen in unserem Podcast so oft das Thema, was guten Sex ausmacht, und jedes Mal, wenn wir Menschen dazu befragt haben, kam raus: „Wenn ich mich fallen lassen kann und merke, dass mein Gegenüber genauso viel Spaß hat wie ich." Und ja: Zu richtig gutem Sex gehört das Lachen ebenso dazu wie zwischendurch mal Pausen zu machen. Und wenn ihr euch abklatschen wollt, nach dem Orgasmus, do it! Go with the flow.

Was im Übrigen ungemein hilft, richtig guten Sex zu haben: Selbstbefriedigung!

Denn nur, wenn du weißt, was dir gefällt, kannst du danach handeln und deine Wünsche deinem Gegenüber mitteilen.

Ich empfinde mein Sexleben als sehr erfüllend, weil ich meine Wünsche äußere, sie angenommen werden, weil ich leidenschaftlich agiere und all das, was ich mir wünsche, selber auch umsetze. Ich erwarte von meinem Partner nicht, dass er mich mit heißen Küssen und einem Quickie überrascht, ich ergreife einfach selbst die Initiative. Ich bin der Partner, den ich mir wünsche.

Zusammenfassend würde ich sagen, jede*r definiert guten Sex anders. Aber es gibt Komponenten, die zu unvergesslichem Sex führen können:

★ *Selbstakzeptanz ist ein heikles Thema, um das man einfach nicht herumkommt.* Einfach mal andersrum gedacht: Guter Sex kann das Ego ganz schön pushen, deswegen am besten nicht allzu sehr über vermeintliche Makel nachdenken.

★ *Die Einstellung zu Sex.* Sex ist etwas Natürliches und soll Spaß machen. Wenn er die Bindung zum Gegenüber vertieft, ist das toll, muss er aber nicht. Verwende Sex nicht als Machtinstrument à la „Wenn ich das jetzt mache, dann...“ Stelle auch keine allzu hohen Erwartungen daran, versuche, dich dem Moment hinzugeben. Im Hier und Jetzt zu agieren. Wenn du negative Erfahrungen mit Sex gemacht hast oder dich für Sex schämst, ist es natürlich schwerer, diesen zu genießen. Dies gehört vielleicht erst verarbeitet. Nur du weißt, wie es sich für dich richtig anfühlt. Gib dir selbst alle Zeit der Welt.

★ *Kein Stress!* Klar, ein Quickie kann aufregend und mega gut sein. Aber in den meisten Fällen empfinden wir Sex dann als gut, wenn wir entspannt sind. Stress und Zeitdruck wirken bei den meisten Menschen als absolute Lustkiller, können aber auch erregend sein. Nur du weißt, was du als anregend empfindest.

★ *Kommuniziere deine Lieblingsstellungen, wo du berührt werden willst und bleib offen für Neues.* Communication is the key! Und bitte immer mit *Consent* (Zustimmung) an die Sache rangehen!

★ *Orgasmus-Garantie gibt es nicht und ist nur ein weiterer Stresspunkt.* Den besten Sex meines Lebens mache ich nicht an meinem Orgasmus fest. Das Davor zählt viel mehr, und wenn man einen Orgasmus hat, ist er halt das Tüpfelchen auf dem i.

WHAT SINAH SAYS

SCHLECHTEN SEX hatte ich zum Glück nur selten in meinem Leben. Das liegt aber vermutlich auch daran, dass ich mir immer viel Zeit ließ, um eine Person auch körperlich kennenzulernen. Man muss nicht immer gleich aufs Ganze gehen. Es kann so aufregend sein, sich über mehrere Dates an Sex heranzutasten und dem nächsten Treffen schon mit Vorfreude (und einem feuchten Höschen) entgegenzusehen.

Unsere Generation ist *convenience* so sehr gewöhnt, dass es schon fast abtörnend ist. Immer muss alles schnell gehen und sofort passieren. Wo bleibt da Raum für Fantasie, Spannung und echte Erotik? Ich war auch nie ein besonders großer Fan von One-Night-Stands, weil ich für mich herausgefunden habe, dass das Gefühl des Vertrauens wichtig für mich ist, um mich fallen lassen zu können.

Ich kenne meinen Körper genau und weiß, was mir gefällt und was nicht. Außerdem ist mir eine spielerische Leichtigkeit und eine Natürlichkeit beim Sex sehr wichtig. Nichts schlimmer, als wenn der Typ einfach nur sein einstudiertes Programm abzieht und man merkt, dass man absolut keinen Draht zueinander hat! Allerdings darf man auch nicht vergessen, dass viele Menschen beim ersten Mal mit einer quasi fremden Person nervös sind und dass sich guter Sex auch erst mit der Zeit entwickeln kann, je besser man einander kennenlernt.

Guter Sex ist für mich dann gut, wenn er ehrlich ist, ich mich fallen lassen kann und die richtigen Stellen berührt werden, natürlich. Sex ohne Orgasmus ist zwar ganz nett, aber mit ist's doch wesentlich besser. Ich weiß, bei welchen Stellungen ich schnell komme und bei welchen nicht, ich weiß die Vorzüge von *Slow Sex* zu schätzen und dass nicht nur erogene Zonen selbst, sondern vor allem das Herantasten an diese extrem sexy sein kann. Guter Sex bedeutet nicht nur das Verschmelzen von zwei (oder mehreren) Körpern, sondern auch die Art und Weise, wie offen und frei wir unsere eigenen Bedürfnisse äußern dürfen und können und ob wir jemals dazu ermutigt wurden, diese Bedürfnisse kennenzulernen.

OWN YOUR MONEY

Eigentlich sollte hier ein weiser Spruch stehen, so etwas wie: Geld macht nicht glücklich.

Aber das ist nicht ganz wahr, wie ich meine. Da wir uns als Gesellschaft für ein System entschieden haben, in dem Geld eine wichtige Rolle spielt, bringt Geld einem mehr Freiheit und Möglichkeiten, wenn man es hat.

Finanzielle Unabhängigkeit war immer eines meiner größten Ziele. Wobei ich sagen muss, dass sich für mich im Laufe der Jahre verändert hat, was finanzielle Unabhängigkeit genau bedeutet.

Sowohl mein Großvater als auch meine Mutter haben mich, was dieses Thema angeht, stark geprägt. Denn beide haben mir von klein auf gesagt, dass ich niemals von jemandem abhängig sein soll, und diese Unabhängigkeit bedeutete, dass ich mein eigenes Geld verdienen wollte.

Also begann ich recht früh, mir Gedanken über Geld zu machen. Wenn mich meine Oma zum Bäcker schickte, gab sie mir damals ein paar Schilling mit. Vom Restgeld durfte ich mir etwas kaufen. Ich tat es nie, ich sparte. Es fühlte sich für mich nie an wie Verzicht, sondern ich freute mich darauf, dass ich mir vom Ersparten etwas viel Cooleres gönnen konnte.

Am Ende kaufte ich mir alle „Sailor Moon"-Hefte, die ich dann gemeinsam mit meinen Freundinnen durchblätterte. Vielleicht hat es mich geprägt, etwas zu besitzen, was für die anderen nur erreichbar gewesen wäre, wenn ihre Eltern ihnen diese gekauft hätten. Mir zeigte es, dass Opa und Mama Recht hatten, denn: Wenn ich unabhängige Entscheidungen treffen will, brauche ich Geld.

Je älter ich wurde, umso klarer wurde mir, dass das Leben teuer ist. Verdammt teuer. Und wenn man etwas ansparen will oder größere Anschaffungen machen möchte, muss man manchmal auf andere Dinge verzichten. Ich erinnere mich noch gut an die Zeit, als ich in Berlin lebte und unbedingt eine Jacke wollte, die ich verdammt cool fand, aber sie kostete 100 €. Mein Anfang-20-Ich hatte definitiv nicht das Geld dafür.

Also aß ich wochenlang nur Nudeln mit Tomatensauce oder asiatische Fertigsuppen. Bis heute habe ich diese Jacke in meinem Kleiderschrank und liebe sie immer noch heiß und innig.

Damals dachte ich noch, dass meine Unabhängigkeit daran zu messen wäre, was ich mir alles leisten konnte. Erst mit dem Schritt in die Selbstständigkeit veränderte sich meine Einstellung zu Geld erheblich.

Seit 2015 verdiene ich mein Gehalt über meinen Blog und über Instagram. Als mir klar wurde, wie viel von meinen Einnahmen für Betriebsausgaben und Steuern draufgingen, fing ich an zu überlegen, wo ich sparen konnte. Ich schaute mir als Inspiration eine Dokumentation auf Netflix zum Thema Minimalismus an.

JE ÄLTER ICH WURDE, UMSO MEHR WURDE MIR LEIDER AUCH KLAR, LEBEN IST TEUER. VERDAMMT TEUER. UND WENN MAN ETWAS ANSPAREN WILL ODER GRÖSSERE ANSCHAFFUNGEN MACHEN MÖCHTE, MUSS MAN AUF RECHT VIEL ANDERES VERZICHTEN.

Schon die ersten Sätze der Doku fesselten mich. Ich fühlte Wut, weil ich mir ertappt vorkam. In den Wochen davor hatte ich mir viel online bestellt. Nicht nur Kleidung, sondern auch Einiges für meine damalige Wohnung, mit der Ausrede, ich wolle es mir gemütlich machen. OK. Ich habe einen Mistkübel gebraucht. Aber ein Regal fürs Bad? Nur um noch mehr Beauty-Produkte anzuhäufen? Wäre es nicht klüger gewesen, diese endlich auszumisten?

Versuchte ich mit immer neuen Sachen eine gähnende Leere in mir zu füllen? Diese Frage hämmerte unermüdlich in meinem Kopf. War ich rastlos auf der Jagd nach mehr?

Ich besitze viel und dachte lange Zeit, das alles sei ein Beweis dafür, dass ich zeigen konnte: „Ich habe es geschafft!" Aber wenn man anfängt, für Dinge zu leben und sich überlegt, was man sich mit seinem nächsten Gehalt kaufen kann? Lebt man dann noch bewusst? Ist man wirklich so unabhängig, wie man zu sein glaubt?

Denn in Wahrheit war ich abhängig davon, einem Bild zu entsprechen, jenem Sinnbild für eine „erfolgreiche, selbstständige Influencerin".

Ich schrieb damals einen Blogbeitrag zu diesem Thema, indem ich hinterfragte, wie weit ich Teil jenes Systems sei, das uns vermeintlich aufzeigt, wie das Leben auszusehen hat.

Ich reflektierte mein Konsumverhalten und bemerkte, dass ich etwas verändern wollte und musste. Mit diesen Überlegungen und Selbstreflektionen ging einher, dass ich begann, den Content auf meinen Social-

Media-Kanälen zu verändern. Ein halbes Jahr nach dem Blogpost über mein Konsumverhalten machte ich erstmals meine psychische Erkrankung öffentlich und ging radikal einen anderen Weg.

Nach wie vor arbeite ich als Influencerin, nach wie vor mache ich Werbung für Firmen und Produkte. Was also hat sich verändert? Denn meine Auswahlkriterien waren damals wie heute die gleichen: Ich werbe für nichts, was ich nicht selbst nutze bzw. kaufen würde. Aber das Bild, was ich darstelle, hat sich verändert.

Statt mir Gucci-Handtaschen zu kaufen, gehe ich in Therapie. Einen großen Teil meines Einkommens gebe ich für meine persönliche, innere Entwicklung aus. Ich mache Ausbildungen und versuche, die innere Leere nicht mit Dingen zu füllen, sondern sie zu erkennen und zu verstehen, woher sie kommt.

Ich verlange von niemanden, es mir gleich zu tun. Jede*r muss für sich herausfinden, was ihn oder sie glücklich macht. Wenn es Aperol-Spritz und Chanel-Taschen sind, dann ist das vollkommen in Ordnung. Für mich war klar, dass mich diese Dinge nur betäubten. Sie lenkten ab von einem grundlegenden Schmerz, den ich empfand. Das war damals alles andere als leicht. Aber wann ist Veränderung jemals leicht?

Mir wurde in dieser Zeit eines vollkommen klar: Meine finanzielle Unabhängigkeit brachte mir Heilung, was meine Erkrankung betraf. Wobei ich ungern von Heilung spreche, aber finanziell auf sicheren Füßen zu stehen half mir, mich diesem Teil meines Lebens zu stellen.

Besitz kann einen erfreuen, aber wenn man merkt, dass man alte Muster abgelegt hat, sich seinen Problemen gestellt und diese verarbeitet hat, das macht unfassbar glücklich. Weshalb eines meiner größten Anliegen ist, dass Psychotherapieplätze für alle Menschen zugänglich werden.

Wer sich ein Kapitel über „Wie werde ich finanziell unabhängig" erwartet hat, der wird wohl gerade sehr enttäuscht sein. Man findet dazu zahlreiche Ratgeber und ich bin mir sicher, wenn man etwas will, schafft man es. Die Frage ist nur, wofür? Um sich Dinge zu kaufen? Ein Haus? Eine Wohnung? Um im Alter nicht arbeiten zu müssen? Löbliche Ziele, keine Frage. Nur muss jede*r für sich sein Wofür finden. Ein Wofür, welches sich wirklich befriedigend anfühlt.

Seitdem ich weiß, wofür ich wirklich gerne arbeite – um mir Wissen anzueignen und die Möglichkeit zu haben, mir etwas Gutes zu tun, sei es durch Yoga, Therapie oder andere Dinge –, arbeite ich härter denn je.

WHAT SINAH SAYS

GERADE IN Gesprächen mit Frauen bemerke ich oft, dass das Thema Geld ein Problem ist. Viele wollen nicht darüber reden, weil es ihnen unangenehm ist, andere wollen nicht darüber reden, weil es sie nicht interessiert, und manche wollen gar nicht erst darüber nachdenken, weil es sie in Panik versetzt, aber: Mädels, ihr müsst euch um eure Finanzen kümmern! Das predige ich im wahrsten Sinne des Wortes auf meinem Instagram-Account immer wieder.

Frauen verdienen in vielen Branchen immer noch sehr viel weniger Geld als ihre männlichen Kollegen, und eines der größten Probleme ist meiner Meinung nach, dass sich viele nicht einmal trauen, das Thema bei ihren Vorgesetzten anzusprechen. Am Bildungsstatus und der Arbeitserfahrung allein kann es zumindest nicht liegen! Wir müssen aufhören, treu ergeben auf die Beförderung zu warten, von der eh jeder weiß, dass wir sie verdient hätten, außer unsere Chef*innen.

Wenn wir Geld, das uns zusteht, für das wir arbeiten und uns aufopfern, nicht einfordern, wird man uns nie für voll nehmen. Wir müssen die Scheu davor ablegen, als aggressiv bezeichnet zu werden, wenn wir auf unser Recht bestehen und stattdessen erhobenen Hauptes unseren Wert bestimmen. Auch wenn es oft als „schlechtes Benehmen" gilt, über Geld zu sprechen, so bin ich doch der festen Überzeugung, dass viele Frauen erst dann anfangen, sich mit ihren Finanzen auseinanderzusetzen, wenn sie sich mit ihren Freund*innen austauschen und offen beim Thema Gehalt sind. Informiert euch regelmäßig über die Mindestlöhne in eurer Branche und erkundigt euch bei euren Vorgesetzten, welche Know-Hows ihr euch aneignen könnt, um auf der Karriereleiter höher zu klettern. Schenkt nervösen Vorgesetzten und Kolleg*innen, die euch als „karrieregeil" bezeichnen, keine Aufmerksamkeit. Solche Bezeichnungen belegen nur, dass man euren Ehrgeiz wahrnimmt.

Meiner Meinung nach ist es wichtig für Frauen, baldmöglichst Karriere zu machen und ihre Position abzusichern, weil wir – für den Fall einer Schwangerschaft – meist längere Zeit aus dem Berufsleben ausscheiden. Oft bleibt es nicht bei einem oder zwei Jahren Karenz. Viele arbeiten danach nur noch in Teilzeit und somit sind es oft die vollbeschäftigten

Partner*innen, die für das Familieneinkommen zuständig sind. In dieser Zeit zahlen Frauen weniger in das Pensionssystem ein und erhalten somit später auch weniger Pension. Wusstet ihr eigentlich, dass Alleinerzieherinnen zur armutsgefährdetsten Gruppe in Österreich zählen, dass weibliche Pensionistinnen tendenziell armutsgefährdeter sind, dass Österreich zu den Ländern mit den höchsten Lohnunterschieden in der EU zählt und Frauen in Österreich dem aktuellen Gender Pay Gap zufolge 68 Tage im Jahr kostenlos arbeiten?[11]

Ein einfacher Einnahmen-Ausgaben-Plan kann wahre Wunder wirken und euch die Augen über unnötige Ausgaben öffnen. Es stimmt auch nicht, dass man reich sein muss, um über Vorsorge und Anlage nachzudenken. Ich habe selbst erst in den letzten Jahren angefangen, mich intensiver mit dem Thema Finanzen auseinanderzusetzen und habe seitdem viel über die Finanzwelt gelernt. Vor allem, dass sie immer noch wahnsinnig männlich dominiert ist, dass sich Finanzprodukte selten explizit an Frauen richten und dass viele Versicherungen immer noch darauf spekulieren, dass wir uns Verträge sowieso nicht ordentlich durchlesen, bevor wir sie unterzeichnen.

Es ist euer Geld. Es ist eure Zukunft. Ihr habt hart dafür gearbeitet, also

nehmt euch selbst ernst und führt euch gelegentlich den ein oder anderen faden Artikel zum Thema Aktien, Versicherungen und Pensionsvorsorge zu Gemüte. Baut nicht darauf, dass jemand diese Dinge für euch regeln wird. Es kann immer anders kommen. Verschafft euch einen Überblick und lasst euch nicht für dumm erklären.

COUCHGEFLÜSTER-TIPPS:

⭐ Prüfe Verträge, bevor du sie unterschreibst. Das gilt vor allem für Arbeitsverträge. Viele Frauen wissen nicht, was ein freier Dienst- oder Werkvertrag im Falle einer Schwangerschaft für sie bedeutet. Informiere dich deshalb bei einem Jobwechsel immer genau über die Art der Anstellung!

⭐ Informiere dich vor einer Gehaltsverhandlung über Mindestgehälter und, falls möglich, über die Lohnstrukturen in deinem Unternehmen. Berechne außerdem, welches Gehalt bzw. Honorar dir im Bezug auf deine Arbeitserfahrung und Ausbildung zusteht.

⭐ Frauen sollten bei Gehaltsverhandlungen immer mindestens 20 Prozent auf ihren eigentlichen Gehaltswunsch aufschlagen, denn so viel beträgt der Gender Pay Gap in Österreich in etwa.

⭐ Gib kein Geld aus, das du nicht besitzt. Konsumkredite, zum Beispiel für Handy, Auto oder Waschmaschine, können zu regelrechten Schuldenfallen werden. Auch auf teure Ratenzahlungen solltest du gänzlich verzichten, und wenn der Betrag noch so gering ist. Zinsen summieren sich und so können monatliche Rückzahlungsraten schnell sehr hoch werden.

⭐ Versuche, jeden Monat eine fixe Sparrate einzuhalten. Egal, ob du 50 Euro auf die Seite legen kannst oder 250: Wichtig ist, dass du mindestens drei Netto-Monatsgehälter auf der hohen Kante hast, um für Notfälle gewappnet zu sein.

⭐ Frauen investieren diversen Studien zufolge erfolgreicher als Männer. Informiere dich also über günstige Neobroker und verschiedene Finanzprodukte wie Aktien oder ETFs und wage dich an das Thema Trading heran. Auch mit ein paar hundert Euro kann man schöne Gewinne einfahren, und noch dazu entwickeln sich viele Titel erst mit der Zeit richtig gut. Geduld und Interesse sind beim Thema Trading allerdings Voraussetzung – können sich im Alter aber definitiv lohnen!

DON'T STOP BELIEVIN' IN YOUR DREAMS

Warum man nie zu alt ist, um sich seine Träume zu erfüllen? Mein Dad hat mit 50 beschlossen, seinen 9-to-5-Job zu kündigen und nur mehr Kunst zu machen. Er hatte immer schon gemalt und auch Malerei studiert. Doch wie das Leben nun mal so ist, er musste Geld verdienen, also arbeitete er und verschob seine Träume auf später. Ich war gerade nach Berlin gezogen, als er kündigte, sich nach Istanbul aufmachte und und sich dort seiner Leidenschaft widmete.

Seine Entscheidung prägte mich sehr stark. Denn zum einen wurde ich mir dessen bewusst, dass ich niemals meine Träume auf später verschieben will. Zum anderen erkannte ich, dass es egal ist, wann man eine Veränderung herbeiführt, Hauptsache, es fühlt sich gut für einen an. Der Rest wird sich schon fügen. Und so habe ich nie gezögert, wenn es darum geht, ein Wagnis einzugehen.

Als ich mich selbstständig machte, war definitiv nicht absehbar, ob das wirklich klappen würde. Aber ich dachte, wenn ich es nie probiere, finde ich es erst recht nie heraus. Und falls ich scheitern sollte, dann fange ich eben wieder an in einem Unternehmen zu arbeiten.

Was uns aber wirklich zurückhält:Im Kopf schon tausend Szenarien der Sorte „Was wäre, wenn…" durchzuspielen. Die Angst davor, zu scheitern. Und die Scham im Nachhinein, wenn man sich vor anderen eingestehen muss, dass etwas nicht funktioniert hat.

In Wahrheit habe ich größte Bewunderung für alle, die versuchen, ihre Träume zu verwirklichen. Das ist so unfassbar mutig! Denn die meisten Menschen geben sich mit weniger zufrieden. Nach dem Motto: *Better safe than sorry,* aber nicht mit mir!

Ich möchte niemals nachher sagen müssen: Ich habe mich nicht getraut, alleine zu verreisen, und daher habe ich mein Traumland noch nicht gesehen.

Hab lieber etwas studiert, was später sichere Jobs bringt, als ein Studium absolviert, das mich zu 100% interessiert.

Hab lieber nicht den Job, den ich eigentlich eh hasse, gekündigt, weil das Risiko zu groß ist, mit der eigenen Idee zu scheitern.

Hand aufs Herz: Wenn Geld keine Rolle spielen würde und du gleichzeitig nicht scheitern könntest, was würdest du dann mit deinem Leben anfangen? Was würdest du machen wollen?

Du kennst das selbst: Leider werden wir oft so erzogen, dass unsere Träume als Illusionen abgetan werden, anstatt dahingehend ermutigt zu werden, sie zur Realität zu machen. Ich verfasse, um mir ihrer klar zu werden, jeden Monat, meist zu Neumond, eine Liste von Zielen, Wünschen und Träumen. Manche sind klein, manche sind groß. Das Ganze ist ein Ritual, das ich schon sehr lange praktiziere.

Es hilft mir zu visualisieren und manifestieren. Man kann es spirituell sehen und sagen, dass das Universum einem dann die Wünsche erfüllt. Aber die Praxis dahinter ist eigentlich, sich durch die kontinuierliche Auseinandersetzung mit den eigenen Wünschen konkrete Gedanken zu machen, wie man diese Wünsche Stück für Stück selbst realisiert.

Mein Traum zum Beispiel war es schon immer, ein Buch zu schreiben, schon als Kind habe ich oft Kurzgeschichten verfasst. Das erste Mal habe ich diesen Wunsch 2019 in mein Neumondbuch notiert. Bis zu dem Zeitpunkt habe ich mir das nicht zugetraut. Ich ein Buch schreiben? Wie soll das gehen?

HAND AUFS HERZ: WENN GELD KEINE ROLLE SPIELEN WÜRDE UND DU NICHT SCHEITERN KÖNNTEST, WAS WÜRDEST DU DANN MIT DEINEM LEBEN ANFANGEN? WAS WÜRDEST DU MACHEN WOLLEN?

Mein Wunsch sah eigentlich auch vor, dass ich diese Zeilen in einem Haus am Meer tippe, die Wellen sollten zu hören sein und die Abendsonne sollte mein Zimmer durchfluten. Die Realität ist: Ich sitze auf der Couch und mein Hund sabbert mir den Oberschenkel voll, weil er eingepennt ist. Nichtsdestotrotz erfüllt sich hier gerade einer meiner größten Träume. Ich wäre wohl unglücklicher, wenn ich am Ende meines Lebens sagen würde, ich habe es nicht wenigstens probiert.

Deswegen glaube ich auch daran, dass das Neumondwünschen mir geholfen hat, meine Träume zu erkennen und nach ihrer Verwirklichung zu leben. Chancen wahrzunehmen, weil ich mit völliger Sicherheit wusste: Das hier ist mein Traum.

Wünsche oder Träume, wie auch immer man sie nennen mag, sind etwas unfassbar Schönes und sehr Persönliches. Wir sind oft getrieben

durch ein „höher-besser-schneller"-Denken. Wenn eine Idee nicht genügend Kohle bringt, ist sie nichts wert. Aber danach sollten wir unsere Wünsche und Träume nicht ausrichten. Sondern vielmehr nach der Frage: Was erfüllt uns mit Zufriedenheit?

Mir ist es gerade sehr egal, dass mein Hund Waldi mich ansabbert und ich nicht das Mittelmeer vor mir habe. Ich bin schon dankbar, diese Zeilen tippen zu dürfen. Ich glaube, das Glücksgefühl, wenn ich dieses Buch dann in meinen Händen halten kann, wird unbeschreiblich – und wenn es dich dann auch noch dazu inspiriert, dass du dir Gedanken über deine Träume und Wünsche machst, dann habe ich alles erreicht.

Woher weißt du aber, was deine Träume und Wünsche sind? Zuerst einmal: Höre auf deine Intuition und dein Herz. Wofür brennst du? Was würde dir richtig viel Freude bereiten? Glaub mir: Nicht immer wird dir das sofort klar sein – oft sind viele kleine Schritte erforderlich, um zu verstehen, wohin das Ganze führen wird.

Als ich mit Anfang 20 Modedesign studierte, fand ich Yoga langweilig. Jetzt bin ich Yogalehrerin – und hätte damals in der Ausbildung nie gedacht, dass ich zwei Jahre später auch noch eine Ausbildung zur Psychotherapeutin machen würde. Manche Wünsche entwickeln sich langsam und dürfen sich stetig verändern. Es ist wichtig, eine Vision zu haben, aber flexibel dabei zu bleiben, weil einen das Leben meist eh an einen anderen Ort führt als geplant. Früher dachte ich zum Beispiel, dass ich nach der Schule genau wissen müsste, was ich machen will, denn nur so könne ich erfolgreich werden. Noch bevor ich 30 Jahre alt bin, glaubte ich, muss das alles ganz klar sein. Quatsch! Inzwischen weiß ich, dass man ist nie zu alt ist, um sich seine Träume zu erfüllen. Und besser spät als nie.

Ich weiß, die eigenen Träume zu leben erfordert Mut. Aber es ist wichtig, ab und an zu springen und sich etwas zu trauen! Man muss die Angst vor Veränderung und vor dem Scheitern überwinden. Denn es wird immer jemanden geben, der nicht an dich und dein Vorhaben glaubt. Also kämpfe darum! Gib nicht auf! Und vergiss nicht: Manches braucht Zeit.

Und wenn du scheiterst? Was soll passieren? Klar, ein Risiko besteht immer. Aber im Endeffekt hast du es probiert, du bist für dich und deine Wünsche eingestanden und nur weil wir in unserer Gesellschaft Scheitern als Niederlage betrachten, heißt das nicht, dass das auch so ist. Denn man wächst mit allen Erfahrungen. Und vor allem: Warum sich für etwas schämen, was sich die meisten wahrscheinlich nie getraut hätten?

Die Praxis der „Neumondwünsche" lege ich dir sehr ans Herz, wenn du deinen Wünschen näherkommen willst:

★ *Such dir einen ruhigen Platz:* Leg Stift und Papier bereit. Ich habe ein Neumondbüchlein, so kann ich auch später noch nachlesen, welche Träume sich schon erfüllt haben. Rückblickend haben sich schon so viele Wünsche erfüllt, dass ich manchmal sehr erstaunt bin.

★ *Dankbarkeit:* Gehe in dich, reflektiere das letzte Mondmonat und schreibe zehn Menschen, Tiere, Dinge, Begegnungen, Momente auf, für die du dankbar bist. Verinnerliche das Gefühl der Dankbarkeit und schicke liebevolle Gedanken an die Menschen und Ereignisse, die du damit in Verbindung bringst.

★ *Schreibe 10 Dinge auf, die du dir wünschst:* Sei so klar und deutlich wie möglich, wenn du deine Wünsche formulierst. Kein Wunsch ist zu blöd. Formuliere deine Anliegen so, als wären sie schon eingetroffen, in der Gegenwartsform. Schreibe Sätze wie „Ich bin unfassbar glücklich, weil ich mit meinem neuen Fahrrad schneller zu Uni komme", „Ich lebe in Fülle, denn ich habe meinen Traumjob" usw. Du kannst dir bei jedem Wunsch Zeit lassen. Schreib so detailliert wie möglich auf, wie zum Beispiel dein Traumjob aussieht, welche Farbe dein Wunschrad hat etc. Ich will ehrlich sein. Ich habe mir echt viele materielle Dinge gewünscht, aber auch schon den ein oder anderen Menschen in meinem Leben damit manifestiert. Du musst dir nicht Weltfrieden wünschen. Sei einfach komplett ehrlich: Was willst du?

★ *Manifestieren:* Lies nun jeden Wunsch laut vor, dadurch verinnerlichst und manifestierst du ihn noch einmal. Versuch, die positive Energie in dir zu spüren, wenn du deine Wünsche durchgehst. Denk daran, wie es sich anfühlt, wenn der Wunsch sich erfüllt. Wenn du deinen Traummenschen küsst, wenn du dieses mega coole Rad fährst. Denk an all das, was du dann empfinden wirst, als sei es jetzt schon in deinem Leben.

★ *Last but not least: Loslassen!* Im spirituellen Sinn würde man jetzt sagen, das Universum kümmert sich um deine Wünsche, zweifle nicht an der Kraft des Wunsches – es wird geschehen. Ich weiß nicht, welche Einstellung du dahingehend hast. Ich kann dir nur eines aus meiner Erfahrung mitgeben: Dinge zu zergrübeln hat noch nie sonderlich viel geholfen. Deswegen versuch lieber, das positive Gefühl von Punkt 4 in dir zu behalten. Denn wenn du mit diesem Gefühl in deinen Alltag gehst, wirst du sehen, dass du deine Wünsche erfüllen wirst.

STAY HEALTHY – DEINE KÖRPERLICHE GESUNDHEIT

Ein gewisses Maß an körperlicher Fitness zu besitzen ist überlebenswichtig. Auf den eigenen Körper zu hören deshalb auch. Als ich Anfang 20 war, habe ich beschlossen, gesünder zu leben und auf meinen Körper zu hören: Kein Rauchen mehr beim Fortgehen, keine Partyexzesse, viel selber kochen und kein Fastfood (zumindest nicht mehrmals die Woche).

Ich hätte schon viel früher anfangen sollen, die Signale meines Körpers zu lesen. Im selben Jahr habe ich mit Yoga begonnen. Das klingt vielleicht esoterisch, aber mir hat es dabei geholfen, die Bedürfnisse meines Körpers schneller wahrzunehmen und mich intuitiv zu ernähren. In den letzten Jahren haben Bewegungen wie das Body Positivity Movement dazu beigetragen, dass Wohlbefinden und Gesundheit auf das Körpergewicht bezogen differenziert betrachtet werden: Nicht jede*r, der oder die dünn ist, lebt auch gesund und nicht jeder, der Kurven hat, lebt ungesund. Das Aussehen von der Gesundheit abzukoppeln, ist wichtig. Gleichzeitig haben sich unzählige verschiedene Bewegungen herauskristallisiert, bei denen Ernährung, Sport und Fitness wie Religionen gelebt werden.

Diese Art von Besessenheit war mir immer zu anstrengend. Natürlich genieße ich gelegentlich ein Glas Wein und ein paar Chips. Ich will mich nicht kasteien, aber ich hasse nichts mehr als Unwohlsein und Schmerzen. Das liegt vielleicht auch daran, dass ich durch meine eigene chronische Erkrankung (ich leide an Endometriose) jahrelang jeden Monat extreme Schmerzen hatte und körperlichem Unwohlsein beinahe panisch ausweiche.

Nach dem Absetzen der Pille vor einigen Jahren veränderte mein Körper sich extrem. Ich kann mich heute noch an jenen Moment erinnern, als ich mir dachte: „Diese Schmerzen *können* nicht normal sein." Die plötzlich auftretenden monatlichen Beschwerden machten mir jahrelang zu schaffen, und das, obwohl ich früher nie mit Schmerzen zu kämpfen hatte. Damals habe ich bei einem großen österreichischen Frauenmagazin gearbeitet, in meinem ersten „richtigen" Job. Ich wollte perfekt sein, alles richtig machen und der Chefredakteurin durch meinen Arbeitseifer zeigen, dass ich nicht nur eine faire Bezahlung, sondern auch mehr Verantwortung verdient hätte. Kurzum: Ich wollte mir keine Fehler erlauben und einen guten Eindruck machen. Dieser Ehrgeiz ging sehr zu Lasten meiner Gesundheit. Wenn ich die Periode hatte, ballerte ich mich mit Schmerzmitteln voll, um den Tag überstehen zu können. Nie im Traum hätte ich mich wegen Regelschmerzen krankgemeldet.

Zu dieser Zeit wurden meine Menstruationsbeschwerden so schlimm, dass ich kaum noch aufstehen konnte. Teilweise saß ich am Schreibtisch und dachte nur: „Ich muss jemanden anrufen, um mich abzuholen." Meine Knie brannten, mein Rücken schmerzte und ich dachte mir mehr

als einmal, dass sich so eine Geburt anfühlen musste – und das jeden Monat wieder und wieder. Damals dauerte meine Periode bis zu zehn Tage. Fünf Tage davon waren die Hölle. Ich verlor so viel Blut, dass mir oft schwindelig wurde und ich fieberte. Obwohl ich regelmäßig zur Gynäkologin ging und diese Beschwerden ansprach, bekam ich stets nur unzufriedenstellende Antworten, wie: „Reduzieren Sie den Stress", „Das ist ganz normal in Ihrem Alter" oder „Vielleicht nehmen Sie die Tage einfach schlimmer wahr als andere Frauen". Durch die Blume wollte sie mir sagen: „Sie sind einfach nur überempfindlich."

Dank meines Jobs habe ich die Möglichkeit, Interviews mit diversen Mediziner*innen zu verschiedenen Themen zu führen. Über den Leiter einer Wiener Kinderwunschklinik, mit dem ich damals für einen Artikel zusammenarbeitete, erfuhr ich, dass bei immer mehr Frauen Endometriose diagnostiziert wird. Endometriose ist eine chronische Erkrankung der Gebärmutterschleimhaut, von der mindestens eine von zehn Frauen betroffen ist. Die häufigsten Symptome sind ein unerfüllter Kinderwunsch, Menstruationsbeschwerden und Schmerzen beim Sex. Die Gebärmutterschleimhautzellen können überall im Körper wuchern und unterliegen dem Zyklus, sie bluten also jeden Monat mit. Endometrioseherde können am Darm, an der Blase, an den Nieren, den Eileitern, in den

NICHT JEDER, DER DÜNN IST, LEBT AUCH GESUND UND NICHT JEDER, DER KURVEN HAT, LEBT UNGESUND. DAS AUSSEHEN VON DER GESUNDHEIT ABZUKOPPELN, IST WICHTIG.

Augen, der Lunge und sogar im Gehirn auftreten. Am häufigsten sind die Herde jedoch im Bauchraum aktiv. Auch wenn es sich bei Endometriose um eine gutartige Erkrankung handelt, muss man die Symptome ernst nehmen. In manchen Fällen kann die Krankheit unbehandelt sogar zum Organverlust führen[11]. Die Ursache für diese Erkrankung wurde noch nicht gefunden und eine endgültige Heilung gibt es nicht. Durch dieses Interview wurde mir klar, dass ich auch davon betroffen sein könnte und suchte mir Rat bei einer anderen Gynäkologin.

So saß ich eines Tages mit gespreizten Beinen bei einer Frauenärztin in einer eleganten Wiener Privatpraxis. Die Ärztin stocherte einige Minuten mit einem Ultraschallgerät in mir herum, tastete mich ab und meinte dann: „Es kann schon sein, dass Sie Endometriose haben. Aber es würde Ihnen auch nichts bringen, wenn Sie eine Diagnose hätten. Falls Sie jemals Kinder haben wollen, dann versuchen Sie's einfach. Es kann aber sein, dass es nicht klappt." Dann schickte sie mich weg und empfahl mir Akupunktur – „gegen den Stress". Danke, Wiederschauen. Das war's. Ich verließ die Praxis unter Tränen und mit einer 160-Euro-Arztrechnung. Ich war traurig und wütend, aber nicht, weil ich unbedingt Kinder haben wollte. Sondern weil ich zutiefst verunsichert war und mir zum ersten Mal klar wurde: Du kannst auf dieser Welt noch so viel Geld für gute Ärzt*innen ausgeben. Aber Menschlichkeit kann man nicht kaufen. Ich musste dieses Problem also selbst in die Hand nehmen.

An diesem Tag fasste ich den Entschluss, diese verdammten Beschwerden in den Griff zu bekommen. Zuerst ging ich zur Akupunktur. Über tausend Euro gab ich dafür aus, dass eine andere Ärztin in eben jener Privatpraxis mir Nadeln in den Körper steckte und mich nach meiner Familie befragte. Meine Beschwerden besserten sich dadurch freilich nicht und mein Verhältnis zu „alternativen Heilmethoden" ist seitdem etwas angespannt. Als mir klar wurde, dass ich eine Ärztin brauchte, der ich vertrauen konnte, telefonierte all meine Kontakte durch und suchte mir eine Gynäkologin, die ihrer Berufsbezeichnung würdig war. Ich fand eine hervorragende Ärztin, die mir schon beim ersten Termin einfühlsam erklärte, dass sie anhand des Ultraschallbilds Anzeichen auf Adenomyose bei mir erkannte und vermutete, dass auch Endometrioseherde vorhanden sein könnten. Sie riet mir zu einer Laparoskopie: einem operativen Eingriff, bei dem die Bauchhöhle mithilfe eines optischen Instruments untersucht wird.

IN INTERVIEWS WERDE ICH OFT GEFRAGT, WARUM WIR MIT UNSEREM PODCAST TABUS BRECHEN WOLLEN, UND HIER IST MEINE ANTWORT: WEIL UNS TABUS IM WAHRSTEN SINNE DES WORTES KRANK MACHEN.

Im November 2019 wurde ich operiert. Der operierende Chirurg fand einen kleinen Endometrioseherd und entfernte diesen. Seitdem haben sich meine Beschwerden deutlich verbessert und auch wenn diese Operation für mich keineswegs ein Spaziergang war, so bin ich doch froh, es durchgezogen zu haben. Meine Lebensqualität hat sich massiv gesteigert. Ich habe akzeptiert, dass ich auf meinen Körper achtgeben muss und dass er gerade kurz vor und während der Periode besondere Aufmerksamkeit braucht. Vor der Periode achte ich penibel genau auf meine Ernährung. Alkohol und Zucker sind während dieser Zeit tabu. Über die Jahre habe ich außerdem einen perfekten Mix aus Nahrungsergänzungsmitteln, Magnesium und verschiedenen Tees gefunden, der mein Wohlbefinden während dieser Zeit fördert. Auch wenn es für mein soziales Umfeld sicher nicht immer einfach war, wenn ich Termine kurzfristig absagen musste oder bei Partys schlecht gelaunt in der Ecke saß, weil ich Schmerzen hatte, so erhielt ich zum Glück enorme Unterstützung nach der Diagnose. Immer mehr Frauen aus meinem eigenen Umfeld erzählten mir mit gedämpfter Stimme, dass auch sie an Endometriose leiden und ähnliches durchgemacht haben. Aus diesem Grund habe ich mich dazu entschlossen, öffentlich darüber zu sprechen, obwohl ich das eigentlich ja nicht wollte. Täglich bekomme ich Nachrichten von jungen Frauen, die jahrelange Odysseen hinter sich haben und verzweifelt sind, weil sie keine geeigneten Ansprechpartner*innen finden oder gar nicht wissen, was Endometriose überhaupt ist.

In Interviews werde ich oft gefragt, warum wir mit unserem Podcast Tabus brechen wollen, und hier ist meine Antwort: weil uns Tabus im wahrsten Sinne des Wortes krank machen. Wenn wir nicht offen über Schmerzen beim Sex, Kinderlosigkeit und Menstruationsbeschwerden sprechen, werden wir nie offen und gesamtheitlich über weibliche Gesundheit sprechen können. Deshalb müssen wir aufhören, hinter vorgehaltener Hand über unsere Uteri, Vaginen und Vulven zu sprechen. Wir müssen die Dinge beim Namen nennen können, genauso wie wir über eine gebrochene Hand oder eine Wunde am Knie sprechen. Im Endeffekt betreffen gesundheitliche Probleme im Intimbereich ja nicht nur die Betroffenen selbst, sondern ihr gesamtes Umfeld und vor allem die Partnerschaft.

Deshalb meine Bitte an euch: Wenn euch etwas weh tut, dann sprecht darüber. Sucht euch gute Ärzt*innen und geht dieses Problem eigenverantwortlich an. Vergesst nie, dass Ärzt*innen eure Dienstleister*innen sind und steht für die ordentliche Versorgung eurer körperlichen Leiden ein. Wartet nicht darauf, bis irgendein*e Ärzt*in euch sagt, was womöglich die Ursache eurer Beschwerden sein könnte. Informiert euch, sprecht mit anderen und fordert eure Rechte ein. Sagt nein, wenn euch Behandlungsmethoden gleich seltsam vorkommen, und vor allem: Fangt an, eure Beschwerden ernst zu nehmen. Das ist der erste Schritt in Richtung Besserung.

Weitere Informationen zum Thema Endometriose findest du auf www.eva-info.at

STAY HEALTHY – DEINE GEISTIGE GESUNDHEIT

Mein Instagram-Feed war weiß, leer, es zierten ihn ein paar Pfingstrosen, Designer-Täschchen und eine Leonie, die lächelte, aber totunglücklich war. Dies war vor 2018. Denn 2018 veränderte sich mein Leben. Ich schrieb einen Blogpost mit dem Titel: „Mein Leben mit Borderline". Was dann kam, hatte ich zwar erwartet, aber es traf mich dennoch sehr. Denn ich verlor mit diesem Beitrag meine Kund*innen und somit stand meine Existenz auf wackeligen Beinen. Was dazu führte, dass ich Angst hatte, mir meine Therapie nicht mehr leisten zu können.

Aber auf persönlicher Ebene war es ein Befreiungsschlag, der dazu führte, dass ich heute mit meinen Symptomen umgehen kann bzw. diese nur mehr in sehr abgeschwächter Form spüre. „Ich habe eine Borderline-Persönlichkeitsstörung." Ein Satz, den ich früher nicht wahrhaben wollte und mit dem ich erst lernen musste zu leben. Aber was genau ist Borderline?

„Die Borderline-Persönlichkeitsstörung (BPS) oder emotional instabile Persönlichkeitsstörung des Borderline-Typs ist eine psychische Erkrankung. Typisch für sie sind Impulsivität, instabile zwischenmenschliche Beziehungen, rasche Stimmungswechsel und ein schwankendes Selbstbild. Bei dieser Persönlichkeitsstörung sind bestimmte Vorgänge in den Bereichen Gefühle, Denken und Handeln beeinträchtigt. Dies führt zu problematischen und teilweise paradox wirkenden Verhaltensweisen in sozialen Beziehungen und sich selbst gegenüber. Dadurch kann die Borderline-Störung oft zu erheblichen Belastungen führen und sowohl die eigene Lebensqualität schwer beeinträchtigen als auch die der Bezugspersonen mindern." (Wikipedia)

Das ist eine sehr simple Erklärung für das, was BPS ist. Der Alltag mit dieser Erkrankung ist nämlich schwer zu erklären. Als ich in die Pubertät kam, machte sich erstmals eine BPS bemerkbar. Jugendliche sind impulsiv und haben Stimmungsschwankungen und man ist in der Zeit alles andere als einfach. Aber bei mir war es eben noch ein bisschen extremer. Ich hasste mich und wollte nicht mehr leben. Verletzte mich selbst. Täglich schrieb ich lange Texte über all diesen Schmerz in mein Tagebuch. Als meine Mutter dies herausfand hat, kam ich zu einer Psychologin, die diagnostizierte, dass ich eine Tendenz zu BPS habe. (Unter 18 Jahren bekommt man keine „fixe" Diagnose, da die Symptome in so jungen Jahren auch wieder von selbst verschwinden können.)

Ich ging damals nicht lange in Therapie, ich weigerte mich. Rückblickend, denke ich, machte mir das alles Angst. Ich wusste nicht viel über Borderline. Alles, was ich damals darüber las, klang für mich wie der absolute Horror. Es gab keine Chance auf Heilung, du wirst alles und jeden in deinem Leben verletzen – und da war dieses riesige Stigma von der Außenwelt.

ICH GING LÄCHELND ZU BLOGGER-EVENTS, MACHTE MEINE JOBS UND AUF INSTAGRAM SCHIEN MEIN LEBEN PERFEKT. ALLES EITEL SONNENSCHEIN. TIEF IN MEINEM INNEREN: LEERE, SCHMERZ UND ANGST.

Lange Zeit konnte ich nicht mit der Diagnose umgehen. Ich begann immer und immer wieder eine Therapie und brach sie ab. Ich fühlte mich oft nicht verstanden, bemerkte aber, wie sehr mich BPS in meinen Beziehungen einschränkte. Ich hatte Verhaltensmuster, die absolut toxisch waren, und so verfing ich mich regelmäßig in emotionalen Teufelskreisen, wenn es um Beziehungen ging.

Dazu kam, dass ich völlig normal wirken wollte, ich ließ mir meinen Schmerz nicht ansehen. Mit Mitte 20 ging es mir so schlecht wie noch nie. Ich ging lächelnd zu Blogger-Events, machte meine Jobs und auf Instagram schien mein Leben perfekt. Alles eitel Sonnenschein. Tief in meinem Inneren: Leere, Schmerz und Angst. Ich betäubte diese Gefühle. Ging endlos lange fort, versuchte mein Glück zu finden, suchte nach etwas, was mir den gottverdammten Atem rauben würde. Ich war getrieben. Oft war ein Katertag das Einzige, was mir Frieden gab. Ruhe.

Liebe war für mich oft nur Schmerz. Alle Verbindungen liefen gleich ab, und immer wieder wurde meine Verlustangst getriggert. Immer wieder dachte ich, dass ich vor Schmerz zugrunde gehen würde. Leidenschaft war für mich nichts anderes als das, was sprichwörtlich Leiden schaffte. Zahllose Nächte, in denen ich mich in den Schlaf weinte, wechselten sich ab mit Phasen, in denen ich so gut wie gar nichts fühlen konnte. Als wäre ich taub.

Die Phasen von Hoch und Tief wechselten schnell und waren geprägt von impulsiven Handlungen und von Wut. Nichts war stabil. Wenn ich Freude empfand, war sie so stark, dass ich dachte, mir gehört die Welt. Aber ich wusste auch, dass dieses Gefühl bald vergehen würde. Ich wollte deswegen lieber gar nichts fühlen, weder die Tiefs, noch die Hochs. Aber wenn die Leere da war, ertrug ich diese auch nicht. Was vor allem in zwischenmenschlichen Beziehungen sehr schwierig war und ich damit meinen Mitmenschen, die mir nahe waren, sehr viel abverlangte. Ich hielt Menschen oft von mir fern, aus Angst, dass sie mich nie wieder sehen wollen würden, wenn sie mich einmal so erleben würden, wie ich wirklich war.

Als ich meine Erkrankung öffentlich machte, fiel eine riesige Last von mir ab. Ich merkte, dass die Angst vor dem Stigma teilweise größer war als das Stigma selbst. Zwar hatte ich beruflich stark zu kämpfen, denn viele meiner Kund*innen lösten Kooperationen und distanzierten sich von mir. Sätze wie „Wir wollen nicht im Zusammenhang mit einer psychischen Erkrankung stehen" hörte ich in dieser Zeit sehr oft. Dafür musste ich nicht mehr so tun als ginge es mir gut. Ich fing an, auch über meine schlechten Tage zu schreiben, was dazu führte, dass meine Community wuchs. Es wurden andere Marken und Firmen auf mich aufmerksam, die kein Problem mit meiner Erkrankung hatten.

Mein größtes Glück ist und war mein privates Umfeld, welches mit sehr viel Verständnis reagierte und mir half, wo es nur ging. Seitdem kämpfe ich für die Entstigmatisierung von psychischen Erkrankungen und ermutige jede*n dazu, sich Hilfe zu holen. Denn es gibt in meinen Augen nichts Wichtigeres als die psychische Gesundheit. Leider gibt es in unserer Gesellschaft nach wie vor nicht genug Bewusstsein dafür. Man geht sofort zum/zur Hausärzt*in, wenn man sich krank fühlt, aber wenn man depressive Verstimmungen hat oder mit großer Trauer umgehen muss, herrscht oftmals noch der Gedanke, dies alleine ertragen zu müssen.

Mir persönlich haben Therapie und Yoga sehr geholfen. Beides hat dazu geführt, dass ich schneller meine körperlichen und seelischen Bedürfnisse wahrgenommen habe und dementsprechend agieren konnte. Wichtig war auch die Akzeptanz meiner Diagnose. Ich merkte erst durch die richtige Therapeutin und Therapieform, dass ich Borderline nicht „loswerden", sondern „nur" die für mich schädlichen Symptome in den Griff bekommen muss.

Meine Yoga-Lehrerin sagte es mal ganz richtig: „Jeder von uns hat Dämonen in sich, du musst nur ihre Meisterin werden." Und genau das tat ich. Ich fragte mich: Wer will ich sein? Was hindert mich daran, wer hindert mich? Und vor allem: Wie kann ich es schaffen, diese Achterbahn der Gefühle zu fahren/ertragen, ohne daran zu Grunde zu gehen?

Ich löste mich von krankhaften Beziehungsmustern. Sowohl in Freundschaften als auch in der Liebe. Ich fing an, meine Gefühle offen und ehrlich anzusprechen und klar zu sagen, wenn ich in mir Unwohlsein verspürte. Mein Bauchgefühl und meine Intuition wurden zu meinen besten Berater*innen. Ich lernte, auf sie zu vertrauen.

Aber ich lernte auch, zu erkennen, wann ich mich zurücknehmen kann und soll und wann ich mich meinen Problemen stellen muss. Ein vielleicht etwas seltsames Beispiel dafür ist, dass ich oft Supermarkt-Einkäufe als starke Belastung empfinde. Denn ich spüre die Emotionen anderer sehr intensiv, und wer jemals in Wien in einem Supermarkt war, weiß, dass dort gerne mal Emotionen überkochen. In mir löst der Gedanke, Lebensmittel einkaufen zu müssen, einfach kein gutes Gefühl aus – bis hin zur Panikattacke. Anfangs habe ich diese Belastung gemeistert, indem ich zu Zeiten hinging, in denen wenig los war. Aber auch das stresste mich. Also begann ich damit, mein Gemüse per Bio-Bauer-Box und Lebensmittel-Retterboxen zu beziehen und kaufte den Rest auf Vorrat auch online ein.

Klar könnte man dem nun entgegenhalten, dass ich mich damit dem eigentlichen Problem nicht stelle. Aber: Durch diesen Schritt wurde einkaufen gehen für mich nicht zu einer belastenden Pflicht, sondern ich konnte lockerer an die Sache rangehen. Wenn ich jetzt mal eine Zutat brauche, sause ich, egal zu welcher Uhrzeit, runter zum Supermarkt und kaufe, was ich brauche. Das hat mir gezeigt, dass wir uns manchmal rausnehmen müssen, um dann neu an ein Thema ranzugehen.

Was wohl den größten Einfluss hatte, war die explizitere Setzung von Zielen. Als ich Mitte 20 war, hatte ich die Universität schon längst abgeschlossen und arbeitete, aber ohne großes Ziel. Ich denke, das war einer der Gründe, wieso ich mich so verloren fühlte. Ich war gefangen in der Vorstellung, nichts würde sich je ändern. Vieles hat sich seitdem geändert: Ich strebe eine Ausbildung als Psychotherapeutin an bzw. lenke ich gerade mein Leben in diese Richtung. Nebenbei absolviere ich

ICH FING AN, MEINE GEFÜHLE OFFEN UND EHRLICH ANZUSPRECHEN UND KLAR ZU SAGEN, WENN ICH IN MIR UNWOHLSEIN VERSPÜRTE. MEIN BAUCHGEFÜHL UND MEINE INTUITION WURDEN ZU MEINEN BESTEN BERATER*INNEN. ICH LERNTE, AUF SIE ZU VERTRAUEN.

Weiterbildungen im Bereich Yoga und auch der Podcast „Couchgeflüster" ist genau das, was ich gerne mache: Ich unterhalte gerne und wenn ich anderen damit helfen kann, ist es umso schöner.

Sinn für sich zu definieren, hilft enorm dabei, durchzuhalten, wenn es einem nicht gutgeht. In meinem Yoga-Teacher-Training haben wir gelernt, dass jedes Lebewesen eine Lebensaufgabe (Dharma) hat und auf die Erde gekommen ist, um diese zu erfüllen. Wer seiner Bestimmung folgt, ist zufriedener.

Seit ich vom Konzept des Dharma gehört habe, lässt es mich nicht mehr los. Denn ich glaube ganz fest, dass wir alle wissen wollen, warum wir hier sind, was unsere Aufgabe ist, was unser Sein auf der Erde überhaupt bewirkt. Und ich denke, sich mit diesen Gedanken auseinanderzusetzen, kann erheblich zu einer Verbesserung der geistigen Gesundheit führen. Schule und Ausbildung fertig machen, Partner*in suchen, Beziehungen führen, Karriereleiter hinaufsteigen, Kinder etc.: Wir sind so emsig dabei, all diese Punkte zu erfüllen, dass wir selten innehalten, um uns zu fragen, was wir am Ende unseres Lebens eigentlich wirklich hinterlassen wollen.

Und es ist vollkommen in Ordnung, nicht zu wissen, was das Dharma ist oder zu zweifeln. Am Ende weiß man es doch nicht wirklich, aber es lohnt sich, sich zumindest damit auseinanderzusetzen und das Beste aus dem eigenen Leben zu machen, ganz ohne Perfektionismus. Denn ein authentisches Leben ist nie perfekt.

Der Weg ist das Ziel, aber der Weg kann sich ändern. Mit 19 wollte ich unbedingt in der Modewelt meinen Platz finden, mit 23 arbeitete ich für meine Stilbibel und hatte das erreicht, was ich mir vorgenommen habe, aber es erfüllte mich nicht. Erst als ich zu meiner Erkrankung stand und erkannte, dass sie vielleicht meine *Superpower* ist, erfuhr ich etwas, was ich davor nicht kannte: eine tiefe Zufriedenheit und eine Art von Bestimmung. Ich durfte durch sie andere Erfahrungen im Leben sammeln, kann durch die BPS tiefe Gefühle empfinden und klar gab es Symptome, die ungesunde Verhaltensweisen mit sich zogen, aber ich lernte, diese in gesunde Bahnen zu lenken.

Was ich verstanden habe: Das, was uns prägt, kann uns dabei helfen zu erkennen, wohin die Reise gehen soll. Denn jede extreme Erfahrung ermöglicht uns einen anderen Blickwinkel auf Dinge, der wiederum hilfreich für andere sein kann. Deswegen lass dich nicht entmutigen, wenn das Leben dir Steine in den Weg legt. Reflektiere immer wieder, was du bisher erreicht oder überstanden hast und verbinde dich mit deiner inneren Stimme. Denn dies ebnet den Weg für Selbsterkenntnis und Authentizität, was zu einem zufriedeneren Leben führen kann.

LERNE LOSZULASSEN

ES WIRD Zeit, einzusehen: Man kann nicht alles haben. Loslassen lernen ist eine der schwierigsten Herausforderungen im Leben, aber man kann sich eine geistige Haltung antrainieren, mit der Abschlüsse zumindest leichter fallen. Ob es nun um den Ex, die ehemals beste Freundin oder ein altes Trauma geht, einen Abschluss zu finden erfordert viel Kraft und tut auf unbestimmte Zeit erstmal richtig weh. Danach ist vieles aber leichter und du kannst deine Kraft wieder für andere Dinge in deinem Leben einsetzen.

HEARD IT THROUGH THE GRAPEVINE

„Lass die Leute reden und hör ihnen nicht zu.
Die meisten Leute haben ja nichts Besseres zu tun."

Die Ärzte haben es eigentlich perfekt zusammengefasst. Als das Lied 2008 herauskam, war mir das Gerede von anderen wichtig. Zwar war ich viel zu stolz, um das zuzugeben, aber jetzt, mehr als ein Jahrzehnt später, weiß ich, dass es mich sehr geprägt hat. Meine Mutter hat immer zu mir gesagt: Je älter du wirst, umso unwichtiger wird das Geschwätz der anderen. Da hatte sie Recht. Denn was andere von einem halten, kann man oft nicht ändern - und man sollte es auch nicht versuchen. Stattdessen finde ich es erstrebenswert, das eigene Leben so zu führen, dass man selbst damit zufrieden ist.

Doch dies zu erkennen, ist ein langwieriger Prozess. Erst wenn man sich immer mehr davon löst, was andere wohl denken mögen, kann man wahrhaftig frei und geleitet vom eigenen Herzen handeln und wird dadurch mehr und mehr zu der Person, die man ist. Denn tut man etwas nur, um anderen zu gefallen oder weil man Erwartungen erfüllen will, bleibt man selbst auf der Strecke.

Mich hat dahingehend auch das Buch von Bronnie Ware, „The Top Five Regrets of the Dying", übersetzt etwa „Die fünf Dinge, die Sterbende am meisten bereuen", sehr stark beeinflusst. Bronnie Ware ist Palliativpflegerin, die viele Menschen am Sterbebett bis zum Tod begleitete. Die fünf größten Wünsche lesen sich zusammengefasst so:

1. „Ich wünschte, ich hätte den Mut gehabt, mein eigenes Leben zu leben."
2. „Ich wünschte, ich hätte nicht so viel gearbeitet."
3. „Ich wünschte, ich hätte den Mut gehabt, meine Gefühle auszudrücken."
4. „Ich wünschte mir, ich hätte den Kontakt zu meinen Freunden aufrechterhalten."
5. „Ich wünschte, ich hätte mir erlaubt, glücklicher zu sein."

Ich wollte und will nichts bereuen, denn alles hat mich zu dem jetzigen Punkt meines Lebens gebracht, und darauf bin ich stolz. Klar gibt es einiges, was ich jetzt anders machen würde. Aber nur weil ich jetzt das Wissen habe. Doch bereuen tue ich nichts. Ich muss eher schmunzeln, und wenn ich an manche Situationen denke, geife ich mir auf den Kopf und frage mich, was ich mir dabei gedacht habe. Aber Reue? Nein.

Ich bin froh über alle Erfahrungen, vor allem über die „schlechten". Denn an jenen bin ich am meisten gewachsen. Mein größtes Glück war aber, dass ich taub gegenüber der Meinung anderer war.

Ich habe mich nicht beirren lassen, als mir mit 15 Jahren jeder erklärt hat, Blogs seien Zeitverschwendung. Genauso wenig, als mir vor ein paar Jahren noch prophezeit wurde, dass das mit der Selbstständigkeit, wenn diese nur auf Instagram und Co. fußt, nicht klappen wird. Ja, die Leute werden immer reden, es besser wissen. Aber was willst du? Willst du zurückblicken und dir denken: Hätte ich nur dieses und jenes getan?

TUT MAN ETWAS NUR, UM ANDEREN ZU GEFALLEN ODER WEIL MAN ERWARTUNGEN ERFÜLLEN WILL, BLEIBT MAN SELBST AUF DER STRECKE.

Der Schritt, den man tun muss, um sich von der Meinung anderer zu lösen, kostet Kraft. Es ist ein langer Prozess, sich von Kommentaren freizumachen, und auch wenn es einem irgendwann egal ist, man spürt doch den Gegenwind – und das kann zermürbend sein. Dennoch: Ist es dein Leben oder das der anderen? Hörst du auf das, was andere sagen, weil deine eigene kritische Stimme ihnen Recht gibt?

Meine innere kritische Stimme war sehr laut, als ich von meinem „normalen" Job zur Selbstständigkeit gewechselt bin. Mein Herz aber hat dafür geschlagen und ich wusste einfach, dass ich es mehr bereuen würde, wenn ich es nicht wage. Ich wollte nicht in zehn Jahren denken: Warum habe ich das damals nicht getan? Lieber wollte ich es probieren und vielleicht versagen.

Wir haben so unfassbar große Angst vor dem Versagen, weil wir Angst davor haben, was die anderen dann über uns denken. Ein Kind lernt aber auch nicht laufen, indem es nicht mal hinfällt. Unsere Gesellschaft mag kein Versagen, was traurig ist, denn so erlauben wir uns nicht, auch mal mutig zu sein.

Klar hätte das mit meiner Selbstständigkeit auch nicht funktionieren können, aber was wäre das Schlimmste, was hätte passieren können? Mein Risiko bestand darin, nicht genügend Einnahmen zu generieren. Dann hätte ich mich wieder auf Jobsuche begeben müssen. Ich hatte keine Verantwortung für jemand anderen außer für mich selbst, und da ich mir auch nicht zu schade gewesen wäre, einfach irgendeinen Job zu machen, falls es nicht klappen würde, habe ich es gewagt.

Dadurch, dass mir diese Selbstständigkeit alles bedeutete, habe ich gearbeitet wie eine Wahnsinnige. Mein Herz wollte das. Und um ehrlich zu sein, es hat sich nicht wirklich wie Arbeit angefühlt. Denn unser Verständnis von Arbeit ist, dass es mühsam ist. Doch das war es nicht. Plötzlich ergab sich alles von selbst. Ich hatte dadurch, dass ich keinen Vollzeitjob mehr hatte, mehr Zeit, um Aufträge umzusetzen, aber auch zum Networken, wodurch neue Aufträge zustande kamen.

Jahre später hat mir mal meine Lehrerin in meinem Yoga Teacher Training erzählt, dass, wenn man seine Aufgabe gefunden hat, sich alles von selbst ergibt, und dies traf bei mir zu. Jedes Projekt, welches ich mit voller Überzeugung angegangen bin, verlief so. Und mit Überzeugung meine ich ein tiefes inneres Gefühl, das Richtige zu tun. Denn wie gesagt, die kritische Stimme wird es immer geben und das ist auch in Ordnung so.

„Erwachsen werden" bedeutet in meinen Augen, seinen eigenen Weg zu gehen, zu sich zu stehen und sich loszulösen von der Meinung anderer. Also frag dich, wohin willst du gehen? Oder besser gesagt, wer willst du sein? Und wenn deine Antwort ist, ich will glücklich und zufrieden sein, dann frage weiter: Was braucht es dafür und wie kannst du dies erreichen?

Mein Wunsch damals war es, frei zu sein. Frei von direkten Vorgesetzten, die mir sagen, was zu tun ist, und frei von festen Arbeitszeiten. Ich wollte mich von festgefahrenen Strukturen lösen und mit dem Geld verdienen, was mir Spaß machte: Fotos machen, Texte schreiben und Leute inspirieren.

Seit damals setze ich mich einmal im Jahr hin und überlege, ob ich diesen Weg weiterhin gehen will. Denn Wünsche dürfen sich ändern, man darf neue Wege einschlagen. Man darf auch Sachen ausprobieren und für sich erkennen, dass es doch nicht das Wahre ist. Bisher war jedes Jahr meine Antwort die gleiche: Ja, ich will das so. Und so mache ich dies in vielen Bereichen meines Lebens. Vor allem

EINMAL IM JAHR SETZE ICH MICH HIN UND ÜBERLEGE, OB ICH DIESEN WEG WEITERHIN GEHEN WILL. DENN WÜNSCHE DÜRFEN SICH ÄNDERN, MAN DARF NEUE WEGE EINSCHLAGEN.

seit dem Jahr 2020 frage ich mich selbst stetig: Mit welchen Menschen möchte ich mich umgeben, was will ich machen und wohin soll die Reise des Lebens gehen?

Also lass die Leute reden, finde deinen Weg und gehe ihn.

WIR KÖNNEN KEINE FREUNDE SEIN

Von allen Learnings, die man als junge*r Erwachsener*r zu machen hat, ist Loslassen für mich immer die schwierigste gewesen. Menschen oder bestimmte Vorstellungen loszulassen und einzusehen, dass vieles zwar in der eigenen Vorstellung, nicht jedoch in der Realität funktioniert, fiel mir immer schon sehr schwer und das tut es auch heute noch. Vor allem, wenn man an einem Punkt im Leben angekommen ist, an dem man sich eingestehen muss, dass manche Beziehungen einfach nicht mehr funktionieren.

Während sich ein gebrochenes Herz spätestens beim nächsten Mal, wo es Feuer fängt, wieder erholt, leidet man bei zerbrochenen Freundschaften oft sehr viel länger und auf eine andere Art und Weise. Eine Freundin oder einen Freund zu verlieren ist das Schlimmste, aber manchmal gehen Freundschaften einfach auseinander, wenn beide sich in unterschiedliche Richtungen entwickeln.

Gegenseitiges Verständnis für den Weg des jeweils anderen ist der Grundpfeiler einer jeden Freundschaft. Egal ob deine Freundin sich nun für ein Familienleben entscheidet, eine Weltreise als Single machen will oder einen völlig anderen Weg einschlagen möchte: Grundlegendes Interesse und wertfreies füreinander Dasein ist der Kitt in Freundschaften und in Beziehungen jeglicher Art. Wer ständig das Gefühl hat, sich für seine eigenen Lebensentscheidungen rechtfertigen zu müssen – und das vor einem Menschen, der uns als Freund*in eigentlich unterstützend zur Seite stehen sollte –, der wird sich irgendwann abwenden. Auch Konkurrenzdenken, Eifersucht und Missgunst kann Freundschaften massiven Schaden zufügen. Oft schluckt man Enttäuschungen viele Jahre hinunter, bis man den Mut findet, sich von Menschen zu lösen.

Ich hatte diese Situation in der Vergangenheit mit einigen Frauen, die ich zwar immer noch großartig finde, die mir aber mehr als einmal ungefragt ihre Meinung zu meinen Lebensentscheidungen reingedrückt haben. *Patronizing* finde ich nicht nur in Arbeits- oder intimen Beziehungen schrecklich, sondern vor allem in Freundschaften. Jemanden bevormunden zu wollen und nicht für voll zu nehmen ist nicht das, was ich mir unter einer Beziehung auf Augenhöhe vorstelle. Über die Jahre habe ich deshalb ein sehr einfaches Gefühl kultiviert, das mir genau zeigt, ob ich mit einem Menschen noch befreundet sein will, oder ob es für mich besser ist, diese Beziehung nicht fortzuführen: das Bauchgefühl. Und zwar im wahrsten Sinne. Oft fühlt man sich vor dem Hintergrund, dass man eben schon lange Zeit befreundet ist, verpflichtet, sich weiterhin mit einer Person abzugeben. Die folgenden einfachen körperlichen Reaktionen zu beobachten kann deshalb sehr aufschlussreich sein – versuche es mal!

★ Bekomme ich Bauchweh und fühle ich mich unwohl, wenn ich an diese Person denke?

★ Wird mir schlecht bei dem Gedanken, Zeit mit dieser Person verbringen zu müssen?

★ Drehen sich unsere Gespräche ausschließlich um Negatives – wie Drama, Klatsch und Tratsch?

★ Fühle ich mich nach diesen Treffen müde, ausgelaugt, traurig und brauche ich mehr Regenerationszeit als sonst, um mich zu erholen?

Wann immer ich diese Fragen mit einem eindeutigen „Ja" beantworten kann, merke ich sofort, ob mir ein Mensch nicht guttut. Man kann eine gemeinsame Zeit durchaus schätzen und sich dennoch dazu entschließen, die andere Person nicht wie einen Klotz am Bein mitschleppen zu wollen. Vor allem dann nicht, wenn man dafür mit wenig Anerkennung oder Dankbarkeit rechnen kann. So berechnend es klingt, aber jede soziale Beziehung ist auch eine Art Geschäft. Wenn man nicht das Gefühl hat, die gleiche Art von Aufmerksamkeit und Interesse zu bekommen, die man selbst gibt, wenn man sich zunehmend ausgenutzt fühlt und ständig das Gefühl hat, als Kummerkasten herhalten zu müssen, ist es an der Zeit, das ernste Gespräch zu suchen.

Mit einer Freundin oder einem Freund „Schluss zu machen" kann unangenehm sein, ist aber manchmal einfach notwendig. Jeder Mensch verdient es, soziale Beziehungen zu pflegen, die von wechselseitigem Respekt und Empathie füreinander geprägt sind. Beide Seiten müssen einen Beitrag leisten, damit eine Freund-

WÄHREND SICH EIN GEBROCHENES HERZ SPÄTESTENS BEIM NÄCHSTEN MAL, WO ES FEUER FÄNGT, WIEDER ERHOLT, LEIDET MAN BEI ZERBROCHENEN FREUNDSCHAFTEN OFT SEHR VIEL LÄNGER UND AUF EINE ANDERE ART UND WEISE.

schaft jahrelang funktioniert und sich auch weiterentwickeln kann.

Meine beste Freundin und ich sind seit über 14 Jahren eng befreundet und auch wir hatten Momente, in denen wir einander nicht mehr gesehen haben. Aber unser Gefühl füreinander hat uns selbst in schwierigen Situationen immer wieder dabei geholfen, zueinander zurückzufinden. Heute sind wir wie Schwestern und ich könnte mir ein Leben ohne sie gar nicht mehr vorstellen. Sie kennt mich so gut wie kaum jemand sonst. Sie hat Menschen in mein Leben treten und es wieder verlassen sehen. Sie hat meine dunkelsten Stunden und freudigsten Momente geteilt, und wenn ich mir alte Polaroid-Fotos von uns ansehe, die wir bei Partys geknipst haben, fühle ich mich stolz, weil wir trotz der oft unterschiedlichen Lebensumstände und -situationen immer füreinander da waren, wenn es wirklich drauf ankam. Außerdem kann ich mit kaum jemandem so lachen wie mit ihr. Es lohnt sich deshalb immer, eine Freundschaft mit derselben Hingabe zu pflegen wie eine Partnerschaft oder die Verbindung zur eigenen Familie – und das nicht nur deshalb, damit dir jemand die Hand hält, wenn du verlassen wurdest. Sondern weil es nichts Schöneres gibt als treue Weggefährt*innen, mit denen man gemeinsam alt werden kann.

WHAT LEONIE SAYS

WENN DU eine Beziehung beendest, weil sie dir nicht guttut, ist das legitim und wird überall auf Verständnis treffen, aber bei Freundschaften sagen alle: Das kannst du doch nicht machen! Das Gleiche gilt im Übrigen für die Familie.

Das finde ich überaus fragwürdig. Denn wenn uns Menschen nicht guttun, das Schlechteste in uns nähren und wir am Ende mehr Energie verlieren als gewinnen, müssen wir lernen, loszulassen.

Ich denke, kaum jemand geht einen solchen Schritt leichtfertig, sondern setzt sich lange damit auseinander. Wir geben Chancen, wir hoffen auf Veränderung, aber wenn die andere Seite nicht bereit ist, auch etwas zu verändern, dann sollte man seine Zelte abbrechen.

Und ja, es tut scheiß weh. Aber manchmal ist es bitter nötig.

ES IST VORBEI, WENN ES VORBEI IST

Ein gebrochenes Herz ist schrecklich und oft dauert es Jahre, bis man sich von einer Trennung erholt. Ich weiß, wovon ich rede. Mein erster richtiger Liebeskummer hat sehr viel länger angehalten als bei den meisten anderen, und mir wurde teilweise Jahre später noch körperlich übel, wenn ich nur den Namen jener Person auf Facebook gelesen habe.

Leider tragen Social Media oft dazu bei, dass wir einen Menschen weiterhin ständig am Schirm haben, obwohl er längst nicht mehr in unserem Leben ist. Quälende Fragen wie „Wie soll ich ohne diesen Menschen leben?" und „Warum kann dieser Mensch einfach so weitermachen und ich nicht?" beschäftigen uns dann oft genauso wie die Frage: „Warum liebt er oder sie mich nicht mehr?"

Es bringt nichts, sich diese Fragen zu stellen oder sich bei diesem Prozess zu stressen und von sich selbst zu erwarten, eine Trennung nach wenigen Wochen vollständig verarbeitet zu haben. Mit quälenden Selbstzweifeln und Trauer klarzukommen dauert, und oft sind es die kleinen Schritte, die die große Veränderung bewirken: nicht dem ersten Impuls nachgeben und den/die Ex auf Instagram stalken, gemeinsame Fotos abhängen, nicht in Erinnerungen kramen, wenn man einen schlechten Tag hat... Es ist wichtig, einen gewissen Selbstschutz zu kultivieren und mental Distanz zu diesem Menschen aufzubauen, anstatt sich immer wieder selbst runterzuziehen, indem man stundenlang mit Grübeln verbringt.

Vor allem ist es aber wichtig, professionelle Hilfe anzunehmen, wenn man nicht weiterkommt. Auch die eigene Familie, Freundinnen und Freunde können bei Liebeskummer nur bedingt weiterhelfen, und manchmal eröffnet eine nüchterne Expertise oder ein unverstellter Blick auf die Situation ganz neue Möglichkeiten – zum Beispiel jene, dass man Werkzeuge in die Hand bekommt, die man im Alltag sinnvoll für sich selbst einsetzen kann.

Nach einer Trennung stehst du selbst im Mittelpunkt und du solltest Dinge tun, die gut für dich sind. Höre nicht auf die negativen Gedanken, die dir einreden wollen, dass du nicht gut genug für diesen Menschen warst oder den Fehler bei dir suchen willst. Umgebe dich mit Menschen, die dir Ablenkung bieten, aber nicht im Sinne von Alkohol und Parties (danach fühlt man sich meistens nur noch schlechter!), sondern im Sinne eines Perspektivenwechsels.

Ich finde es wichtig, nach einer Trennung Frieden mit der Person und der Situation zu schließen, anstatt den Schmerz weiterhin mit negativer Energie und Aufmerksamkeit zu füttern. Ich weiß diesen einen Moment heute noch, an dem mir klar wurde, dass ich auch ohne meinen Ex klarkommen werde. Es fühlte sich an wie ein Befreiungsschlag. Im Nachhinein bin ich froh darüber, wie alles gekommen ist. Ich konnte so viel aus dieser Trennung lernen – vor allem über mich selbst – und es ist eine

Erfahrung, die ich trotz ihrer Beschissenheit heute nicht missen möchte.

Ich bin dadurch empathischer geworden und habe gelernt, Verständnis für mich selbst und auch für andere Menschen in Trennungssituationen zu haben. Ich habe gelernt, dass Party und Alkohol keine guten Ideen sind, wenn es einem ohnehin schlecht geht, und dass man Trauer, Wut und Verzweiflung durchaus kanalisieren kann. In meinem Fall hat es dazu geführt, dass ich mit dem Schreiben begonnen habe, nach Wien gezogen bin und mir mein eigenes Leben erarbeitet habe. Heute weiß ich, dass ich Fehler, die ich in dieser Beziehung und in Bezug auf mich selbst gemacht habe, nicht mehr wiederholen möchte.

Zum Abschluss solltest du dir außerdem immer klarmachen, dass dieser eine Mensch nicht deine einzige große Liebe gewesen ist. Es liegt noch so viel vor dir, ganz egal, wie alt du bist. Du wirst großartige Menschen kennenlernen und wunderbare Erfahrungen mit ihnen machen, wenn du dir erlaubst, nach dem Schmerz wieder Liebe in dein Herz zu lassen. Das ist vermutlich die größte und schwierigste Übung: sich einzugestehen, dass man doch nicht die Art von Kontrolle besitzt, von der man dachte, dass man sie hat. Gerade wenn es um Menschen geht. Du wirst niemals kontrollieren können, was ein anderer Mensch denkt, fühlt oder tut. Am besten wirst du dir dieser Tatsache heute schon bewusst. Du kannst Vergangenes nicht ungeschehen machen. Aber du kannst steuern, in welche Richtung dein Leben ab dem heutigen Tag gehen soll. Dieser Verantwortung musst du dir bewusstwerden, denn mit diesem Wissen im Hinterkopf setzt du den ersten Schritt in deine eigene Zukunft. Freu dich drauf: Das Beste liegt noch vor dir.

ICH FINDE ES WICHTIG, NACH EINER TRENNUNG FRIEDEN MIT DER PERSON UND DER SITUATION ZU SCHLIESSEN, ANSTATT DEN SCHMERZ WEITERHIN MIT NEGATIVER ENERGIE UND AUFMERKSAMKEIT ZU FÜTTERN.

HIER UNSERE COUCHGEFLÜSTER-TIPPS, UM MIT EINER TRENNUNG IN DEN ERSTEN WOCHEN BESSER KLARZUKOMMEN:

⭐ *Die Hoffnung stirbt zwar zuletzt, aber warte nicht auf Anrufe oder Nachrichten.* Nutze diese erste, schmerzvolle Zeit, um zu reflektieren, ohne zu werten: Hättest du irgendwas anders machen können und wenn ja, warum hast du es nicht anders gemacht? Du wirst erkennen, dass auch du nur ein Mensch bist, der eben Fehler macht und nicht perfekt ist. Gerade diese Erkenntnis hilft dir dabei, Verständnis für dich selbst zu erlangen und den Beweggründen für dein Handeln auf den Grund zu gehen.

⭐ *Hänge Bilder ab, wechsle den Hintergrund auf deinem Smartphone, wenn er ein Bild von euch als Paar zeigt und versuche, kritische Distanz zu Freund*innen des Ex zu halten.* Sich mit Menschen zu umgeben, die eigentlich auf der Seite deines Ex stehen, wird dich nur bei jedem Treffen daran erinnern, dass dieser Mensch nicht mehr in deinem Leben ist.

⭐ *Bringe Positivität in dein Leben und bewege dich.* Körperliches Wohlbefinden fördert auch dein psychisches: Sport, Yoga und Meditation klingen nicht unbedingt wie das beliebteste Trennungsprogramm, aber es wird dir dabei helfen, dich wieder zu spüren und dich in deinem Körper wohlzufühlen.

⭐ *Gönne dir bewusste „Grübel"-Zeit und setze dir aktiv Marker, bei denen du zu grübeln aufhörst.* Es ist völlig normal, dass man Zeit mit Gedankenwälzen verbringt, aber übertreibe es nicht, dadurch drehst du dich gedanklich nur im Kreis.

⭐ *Lass negative Gedanken vorüberziehen.* Vor allem, wenn es Gedanken sind, die dich als Mensch infrage stellen. Gedanken wie „Ich bin einfach nicht gut genug", „Ich bin nicht liebenswert" oder „Kein Wunder, dass ich verlassen wurde" können viel Schaden anrichten, wenn man ihnen zu viel Aufmerksamkeit schenkt

TOXISCHE BEZIEHUNGEN

„Und da ist er wieder, der unerträgliche Schmerz, über den ich nie so ganz hinweggekommen bin. Manche Menschen hinterlassen ihre Spuren. Egal, wie sehr man sich bemüht zu heilen, eine Narbe bleibt immer.

Als ich die Nachricht sehe, schnürt sich meine Kehle zu, mein Herz fühlt sich an, als würde es jemand fest umklammern.

Auf einmal ist da kein Platz mehr.
Kein Platz für klare Gedanken.
Ich fühle mich zurückversetzt in jede schmerzliche Situation, die ich mit diesem einen Menschen durchlebt habe.

Jede Emotion ist wieder da.
Gleichzeitig bin ich es so leid, es ermüdet mich, dass jemand noch immer so eine Macht hat.“

Woran merkt man, dass man in einer toxischen Beziehung ist? Eigentlich erst so richtig, wenn sie endgültig vorbei ist. Und es dauert lange, sie zu verarbeiten. Zumindest war es bei mir so. Und auch heute ist da immer noch ein bedrückendes Gefühl, wenn ich über das Erlebte nachdenke. Klar gibt es Anzeichen, die darauf hinweisen, dass man in ungesunden Beziehungsmustern festhängt. Nichtsdestotrotz ist eine toxische Beziehung ein Prozess, der sich entwickelt und steigert.

Mir hat es unheimlich geholfen, zu erkennen, dass ich meinen Beitrag dazu geleistet habe. Nämlich dahingehend, dass ich gelernt habe, meine Grenzen mehr zu wahren und selbst ebenfalls darauf zu achten, die Grenzen meines Gegenübers nicht zu übertreten.

Es hat dazu geführt, dass ich alte Beziehungsmuster abgelegt und immer mehr gelernt habe, was eine gesunde Beziehung ausmacht.

Es gibt keine ultimative Toxische-Beziehungs-Checkliste. Die Dosis macht am Ende das Gift, aber um einige Warnsignale zu nennen:

Unbegründete Eifersucht

Leider denken viele, dass Eifersucht in einer Beziehung etwas Gutes ist: „Daran erkennt man, dass der andere einen liebt." Ein Satz, den man immer noch oft hört. Nein, daran erkennt man nur, dass der andere unverarbeitete Verlustängste hat und seine Unsicherheit so kompensiert. Häufig ist Eifersucht einfach Ausdruck eines eher geringen Selbstwertgefühls.

Klar ist sie auch ein Warnsignal für uns. Wenn zum Beispiel der/die Partner*in beim Ausgehen angeflirtet wird, ist es vollkommen in Ordnung, Eifersucht zu verspüren. Daran erkennt man eine „potenzielle Gefahr" von außen. Die Frage ist aber: Ist die Eifersucht überhaupt begründet? Bei unserem Beispiel ist sie real, aber wahrscheinlich auch schnell wieder gebannt. Wenn dir aber dein*e Partner*in permanent unterstellt, sie oder ihn zu betrügen und auf all deine sozialen Kontakte eifersüchtig ist, dann ist die Eifersucht unbegründet und äußerst toxisch. Klar gilt dies auch für dich. Wenn du ständig Angst hast, dass dein*e Partner*in dich betrügt, ist dies für eure Beziehung Gift.

Oft hilft da nur an sich zu arbeiten und herauszufinden, woher diese Ängste und Unsicherheiten kommen. Man kann dies alleine probieren, aber wie immer gilt: Es ist keine Schande, sich professionelle Hilfe zu holen.

Kontrollsucht

Kontrollsucht hat verschiedene Facetten: Dein*e Partner*in verbietet dir gewisse Kleidungsstücke anzuziehen, Leute zu treffen oder bestimmt, was du Essen sollst. All das gehört zu Kontrollsucht.

Für mich war Kontrollsucht ein Thema in meinen vorherigen Beziehungen. Ich habe zwar meinem Partner nichts verboten, aber ich wollte alles wissen. Nicht weil ich dachte, er betrügt mich. Ich habe vielmehr nach Indizien gesucht, dass er mich gar nicht wirklich liebt und mich bald verlassen würde. Was sehr stark mit meiner Borderline-Persönlichkeitsstörung verknüpft war.

Ich habe heimlich Textnachrichten gelesen, denn für mich war es wichtig zu wissen, wo er ist und mit wem. Ich dachte, wenn ich alles weiß, kann ich es besser abschätzen. Ich war konstant auf der Suche nach einem Beweis, dass ich mir unsere Liebe einbilde und er bald weg ist.

Es hat viele Therapiestunden gedauert, um mir überhaupt klar zu werden, dass ich ein Problem habe. Ich wusste, dass ich an starker und irrationaler Verlustangst (eins meiner Borderline-Symptome) litt, die sich in Kontrollsucht äußerte. Ich hatte Panik, dass sich mein Partner plötzlich von mir abwenden und ich verlassen werden könnte. Es war ein langwieriger Prozess, dieses Verhalten abzulegen, und noch heute kämpfe ich damit. Aber ich habe gelernt, loszulassen, und wenn ich Anzeichen bemerke, setze ich mich mit diesen auseinander. Denn Kontrolle macht oft unglücklich und führt zu einer extremen inneren Spannung. Nichts, was man in einer Beziehung anstrebt.

Warum wollen wir Kontrolle? Weil wir uns ohnmächtig fühlen. Wir denken, wenn wir alles wissen, haben wir Macht. Doch Liebe hat nichts mit Machtspielchen zu tun. Wenn du merkst, dass du mit diesem Problem in einer Beziehung kämpfst, rede darüber. Sag deinem/deiner Partner*in, dass du dich ohnmächtig fühlst. Und findet zusammen eine Lösung. Mir hat es geholfen, über meine Gefühle sehr offen zu reden. Klar braucht es da einen guten Gegenspieler, der diese nicht gleich als Angriff sieht. Aber zu sagen, hey, ich hab da einfach ein Gefühl in mir, was mir nicht guttut, vielleicht können wir darüber reden und wir finden zusammen eine Lösung, hat bei mir dazu geführt, dass ich zu tieferem Vertrauen fähig war und sich die negativen Gedanken meistens nur als Hirngespinste entpuppt haben.

Lügen, manipulatives Verhalten und Gaslighting

Wir Menschen lügen mehrfach am Tag und dies oft ohne böse Absicht, sondern weil es oft zu einem angenehmen Zusammenleben beiträgt. Schwierig wird es, wenn die Lügen dazu dienen, dem anderen zu schaden bzw. ihn damit zu manipulieren.

Eine Form von Manipulation ist *Gaslighting*. „Als Gaslighting wird in der Psychologie eine Form von psychischer Gewalt bzw. Missbrauch bezeichnet, mit der Opfer gezielt desorientiert, manipuliert und zutiefst verunsichert werden und ihr Realitäts- und Selbstbewusstsein allmählich deformiert bzw. zerstört wird." Soweit die Wikipedia-Definition.

Der Begriff stammt aus dem Film „Gaslight" (dt. „Das Haus der Lady Alquist") von 1944. Im Film wird eine Frau, gespielt von Ingrid Bergmann, derart massiv von ihrem Mann manipuliert, dass sie letztlich für geistes-krank erklärt wird und in der Psychiatrie landet. Er sorgt dafür, dass im Haus ständig die Lampen flackern, redet seiner Frau jedoch ein, dass sie sich das nur einbilde. Gaslighting ist also eine Form von psychischer Gewalt, die den anderen an sich und seiner Wahrnehmung zweifeln lassen soll.

Ich kenne viele Fälle, in denen der Gaslighter als Retter in der Not dastehen wollte, vermitteln wollte, nur er könne dir helfen, nur er könne erkennen, wie du wirklich bist, nur er wisse, was richtig und was falsch ist. Das ist seine Art, Anerkennung zu gewinnen, weil er sich sonst nicht wertvoll fühlt. Absolut toxisch, aber leider in sehr vielen Beziehungen

Teil des Alltags. Und oft beginnt es bei kleinen Dingen und steigert sich so weit, dass der oder die von Gaslighting Betroffene dadurch jegliches Selbstbewusstsein verliert und sogar in Depressionen schlittern kann.

Oft leugnet der*die Partner*in Dinge, die für dich so stattgefunden haben. „Das habe ich nie gesagt!" oder „Das war nicht so", heißt es dann oft. Und man selbst zweifelt daraufhin an der eigenen Realitätswahrnehmung.

Ich habe sogar angefangen, Gespräche aufzunehmen, weil ich schon so paranoid war. Leider erkannte ich daran auch das Ausmaß meiner toxischen Beziehung. Denn meinem Ex-Partner fehlte jede Einsicht. Als ich ihn einmal mit den Aufnahmen konfrontiert habe, meinte er, dass ich krank sei, wieso ich ihm nicht vertrauen würde, und drehte die Situation so hin, dass ich mich am Ende bei ihm dafür entschuldigt habe, ihn aufgenommen zu haben. Obwohl sie den Beweis lieferte, dass er log.

Auch Sprüche wie „Du reagierst komplett über" oder „Du bist immer so überempfindlich" dienen dazu, zu verunsichern. Mit dem einzigen Ziel, dass du dich fragst, ob dein Verhalten nicht doch falsch und überzogen war.

Aber wieso macht dies ein*e Partner*in? Dein Selbstbewusstsein wird niedrig gehalten und es erzeugt eine Abhängigkeit. Du bist dadurch leichter steuerbar. Klar gibt es immer wieder Missverständnisse in Beziehungen, aber die Gefühle, die du empfindest, dürfen dir niemals abgesprochen werden.

Es ist sehr schwer, aus so einem Teufelskreis herauszukommen, vor allem, wenn das Selbstbewusstsein schon darunter leidet.

Fehlende Verlässlichkeit & Respekt

Du kannst dich nicht wirklich auf deinen Partner verlassen? Weißt nicht, ob er Versprochenes wirklich einhält? Das führt zu einem Mangel an Vertrauen. Und Vertrauen ist die Basis für jede gesunde Beziehung.

Ich erinnere mich nur zu gut daran, dass ich nie zu 100% sicher war, ob mein Ex-Partner zu gemeinsamen Aktivitäten auftauchen würde und ich jedes Mal, wenn er tatsächlich kam, dankbar war. Rückblickend muss ich leider selber den Kopf schütteln, dass ich nicht früher verstanden habe, dass da was ganz deutlich schieflief. Falls du dich in so einer Situation befindest: Du bist nicht allein. Es dauert, das alles zu erfassen und es tut höllisch weh, denn ein Teil von dir liebt diesen Menschen, der dir nicht guttut. Aber aus Erfahrung kann ich sagen, dass es die weiseste Entscheidung meines Lebens war, trotz der empfundenen Liebe zu gehen.

„Auf Eierschalen gehen"

Ein Anzeichen für mich, dass etwas in meiner damaligen Beziehung nicht stimmte, war, dass ich ständig das Gefühl hatte, auf Eierschalen zu gehen. Ich hinterfragte oft, was ich sagen kann, wie ich wohl in dieser und jener Situation wirkte, ob mein Verhalten in Ordnung war. Vieles war auf das Gaslighting zurückzuführen, das Teil meines Alltags war.

Aber ich spürte diese Stressfaktoren auch körperlich. Ich war oft nervös und hatte Herzrasen in der Anwesenheit meines Ex-Partners, und viele meiner Freunde sagten mir im Nachhinein, dass ich oft nicht ich selbst war. Wie ein wachsames Tier, welches sich jeden Schritt genau überlegte, gleichzeitig aber zurückgezogen war, um nur keine Fehler zu machen.

Ich zog mich komplett aus meinem Sozialleben zurück, alles drehte sich um ihn. Was dazu führte, dass ich, als ich endlich den Schlussstrich zog, große Angst hatte, allein zu sein. Aber man ist nie allein, wahre Freund*innen kommen wieder zurück, wenn sie merken, dass es einem schlecht geht.

Kleinmachen des Anderen

Deine Erfolge werden herabgesetzt und die Dinge, die du machst, werden kontinuierlich klein geredet. Oft getarnt, „um dich anzuspornen".

Einer meiner größten Erfolge war eine Rede vor einem großen Publikum zum Thema Mentale Gesundheit. Ich war so unfassbar stolz, dass ich dabei sein durfte und nahm meinen Ex-Partner mit als Beistand. Nach der Rede kamen viele zu mir, gratulieren mir und auch er genoss die Aufmerksamkeit. „Bist du nicht stolz auf deine Freundin?", wollten einige Leute wissen, und er lobte mich in höchsten Tönen, was mich erfreute, aber auch etwas verwirrte.

Als wir nach Hause gingen, begann es. „Darauf brauchst du dir jetzt aber auch nichts einbilden", „Ich war es ja eigentlich immer, der dich dazu angespornt hat, darüber offener zu reden", „Du verdankst das mir" usw.

Wenn dir jemand deine Erfolge nicht von Herzen gönnt, dich nicht auf deinem Weg unterstützt und dir den Rücken stärkt, sowohl vor anderen, aber auch, wenn ihr allein seid, dann kannst du nie dein volles Potenzial entwickeln. Weil deine Energie immer wieder klein gehalten wird.

Ich bin meinem Ex dankbar. Ich könnte kein Kapitel über toxische Beziehungen schreiben, wenn es ihn nicht gegeben hätte. Ich hätte mir zwar etwas anderes für uns gewünscht, aber vielleicht war es ja so vorherbestimmt. Ich weiß, dass er im Herzen kein böser Mensch ist. Nur: Die Energie, die ich eingesetzt habe, um die Beziehung zu erhalten, wäre wahrscheinlich in anderen Projekten fruchtbarer gewesen. Die Vergangenheit kann man nicht ändern, aber man kann Erfahrungen dafür nutzen, für sich zu erkennen, wohin man gehen will, wer die Menschen sind, die einem gutgetan haben und welche einen an der Weiterentwicklung hindern.

Liebesentzug

Ein weiteres Anzeichen, das auch ich erlebt habe, war, dass ich nach einem Streit mit Liebesentzug bestraft wurde. Das bedeutete, dass mein damaliger Partner gänzlich untertauchte, sich nicht mehr meldete, teilweise für ein paar Tage oder auch Wochen, und in dieser Zeit war ich mir unserer Beziehung nicht sicher. Aber auch wenn er bei mir blieb, also räumlich, so tat er, als gäbe es mich nicht. Ignorierte mich und ging auf kein Gespräch ein. Wenn ich förmlich nach einem Gespräch oder Nähe bettelte, wies er mich zurück mit den Worten, dass er mir das jetzt nicht geben könne, weil ich mich falsch verhalten hätte. Es war unfassbar schmerzhaft und löste in mir pure Verzweiflung aus. Vor allem ging es so weit, dass ich ihm nur um des Friedens willen Recht gab und jegliche Schuld für jeden Streit auf mich nahm. Es war eine Kombination aus Gaslighting und Liebesentzug, was dazu führte, dass ich emotional komplett abhängig von ihm war.

Wenn mich Freunde gefragt haben, wieso ich mich nicht früher getrennt habe, habe ich immer den Vergleich mit dem Frosch im Wasser gebracht. Wenn man einen Frosch in heißes Wasser werfen würde, würde er rausspringen. Aber wenn man einen Frosch ins Wasser gibt und dieses langsam erhitzt, würde er den Temperaturanstieg nicht merken, bis er tot ist. (Diese gern zitierte Geschichte ist übrigens ein Mythos; Charles Handy veröffentlichte die Frosch-Story 1989 im Buch „The Age of Unreason" und ich fand sie passend, um zu erklären, wie es mir damals ging.)

Tatsache ist: Ich hätte mich nie in diesen Menschen verliebt, wenn die Beziehung von Anfang an so gewesen wäre. Es steigerte sich langsam, bis ins Unerträgliche. Und ich habe meinen Teil dazu beigetragen, indem ich ihn gewähren ließ. Erst als ich anfing, mich sowohl mit meinen als auch den Anteilen meines damaligen Partners auseinanderzusetzen, schloss ich langsam Frieden mit dem Ende der Beziehung und wusste: So etwas will und werde ich nie mehr erleben.

Wobei ich mit Frieden meine: Ich habe beschlossen, die ganze Geschichte ruhen zu lassen. Denn ich habe lange für diese Beziehung gekämpft, wollte mir, ihm und der ganzen Welt meine unendliche Liebe beweisen und dass ich alles dafür tun würde. Die Wunden, die ich aus dieser Beziehung mitgenommen habe, sind nun Narben. Ich werde nie vergessen, was war und wie gesagt, ein wenig Beklemmung löst dieser Mensch immer noch in mir aus.

Ich habe durch meine toxische Beziehung vieles gelernt, vor allem über mich und meine Grenzen. Natürlich hätte ich auf einige der Erlebnisse gerne verzichtet, aber zu einem Teil, half sie mir, einen „Cut" zu machen und mich von alten Verhaltensmustern zu lösen.

Es wäre zu abgedroschen zu sagen: Du musst dich selbst lieben, dann erst kann dich jemand anderer lieben. Denn in meinen Augen kann man auch in einer Beziehung erlernen, wie man sich selbst liebt. Aber erst in einer gesunden Beziehung – sowohl mit anderen als auch mit sich selbst – erkennt man, was zuvor alles schiefgelaufen ist. Und genau das hilft einem dabei, endgültig abzuschließen.

TATSACHE IST: ICH HÄTTE MICH NIE IN DIESEN MENSCHEN VERLIEBT, WENN DIE BEZIEHUNG VON ANFANG AN SO GEWESEN WÄRE. ES STEIGERTE SICH LANGSAM, BIS INS UNERTRÄGLICHE.

DER EINZIGE ENDGÜLTIGE ABSCHIED

Ich stand im Badezimmer einer fremden Wohnung. Tränen flossen. Ich fühlte mich hilflos. Gefangen zwischen zwei Welten. Die eine da draußen, lachend, feiernd. Und die in mir, die mit dem ultimativen Schmerz konfrontiert wurde.

„Liebe Leonie, ... ich möchte dir nur sagen, dass C. in Folge von einem Motorradunfall gestorben ist."

Diese Nachricht stand auf meinem Handydisplay, als ich zitternd ins Bad ging. Mein erster Impuls war Flucht. Weit weg zu sein von der Party, auf der ich war.

Wie absurd. Eine GEBURTstagsfeier und dann war da der Tod.

Da stand ich nun. In meinem Kopf tausend Gedanken und dann wieder nur Leere.

Komplett überfordert, war ich dankbar, als eine Bekannte das Zimmer betrat. Ein paar Momente später dann auch mein damaliger Freund. Niemand wusste, was zu tun oder zu sagen war. Ich wusste es auch nicht.

Ein Kapitel, das in diesem Buch zunächst nicht vorgesehen war. Aber was wäre das Leben ohne den Tod? Wenn wir nicht wüssten, dass es zu Ende gehen würde? Wenn wir nie die Erfahrung des absoluten Verlustes machen würden?

Im Laufe unseres Lebens kommen wir nur sehr punktuell in Berührung mit diesem Thema. Vor allem in unserer westlichen Welt ist der Tod etwas, was wir vom Leben abkapseln, in Krankenhäusern und Altenheimen isolieren und mit dem wir am liebsten gar nicht zu viel zu tun haben wollen.

Als ich damals auf dieser Party war und die Nachricht bekommen habe, dass mein erster Freund verstorben war, war da nur Beklemmung. Niemand wusste damit umzugehen. Mein damaliger Freund gab mir zunächst sogar das Gefühl, dass mein Schmerz über den Verlust unangebracht sei und ich damit die Party runterziehe. Erst als ihm bewusst wurde, wie schlecht es mir ging, verließ er mit mir die Party. Aber als es mir Tage später noch nicht gutging, meinte er, er könne mir nur wenig Trost spenden. Ich habe mich noch nie so einsam gefühlt wie in diesem Moment. Es war, als sei ich in Watte gepackt. Alles war taub und dumpf und da draußen um mich herum war das Leben, als wäre nichts passiert.

Als meine Großeltern und mein Onkel verstarben, war dies absehbar. Sie waren alt bzw. krank. Und da war meine ganze Familie, die gemeinsam trauerte, darüber redete, sich Geschichten erzählte und sogar lachte.

Bei diesem Verlust war ich alleine. Die Beziehung war fast zehn Jahre her. Wir hatten sporadisch Kontakt. Dennoch traf mich der Verlust tief. Vielleicht, weil es so unerwartet kam. Er war nicht einmal 30 Jahre alt geworden. Für mich war er der Ex-Freund, von dem ich immer gesagt habe, so einen Mann wünsche ich jeder Frau. Denn unsere Beziehung war großartig. Leider waren wir zu jung und ich war vor allem zu wild. Wollte reisen, feiern und das Leben zu 150% erfahren. Er war ruhiger, ließ mich gewähren, aber irgendwie schien es am Ende der Beziehung unmöglich, diese zwei unterschiedlichen Welten und Temperamente noch zu verbinden. Wir trennten uns friedlich. Denn er war keiner, der einem etwas übelnahm. Wir blieben in Kontakt. Mal mehr, mal weniger. Als ich die Nachricht von seinem Tod erhielt, war das Erste und Einzige, was ich denken konnte: Fuck, ich schulde ihm noch ein Bier. Bis heute lässt mich das nicht ganz los.

Was mir damals geholfen hat und es auf seltsame Art bis heute tut, war die Aussage einer Psychologin: „Die Nachricht über den Tod erwischt einen wie eine große Welle. Kein Sandkorn bleibt dort, wo es war, und es kommen immer wieder Wellen, die den Sand aufwirbeln. Aber die Abstände zwischen den Wellen werden länger und die Wellen werden schwächer."

Einen geliebten Menschen gehen zu lassen, ist schwer. Die Erinnerungen tun weh. Es gibt viele Fragen; Warum er/sie? Hätte man sich mehr sehen sollen? Hören?

Das meiste davon bleibt unbeantwortet, schmerzt einen.

ICH HABE MICH NOCH NIE SO EINSAM GEFÜHLT WIE IN DIESEM MOMENT. ES WAR, ALS SEI ICH IN WATTE GEPACKT. ALLES WAR TAUB UND DUMPF UND DA DRAUSSEN UM MICH HERUM WAR DAS LEBEN, ALS WÄRE NICHTS PASSIERT.

Man redet nicht gern darüber, dass man sich aus den Augen verloren hat, aber jetzt, wo der Mensch tot ist, alles geben würde, um ihn noch einmal zu sehen. Denn man hätte ja die Zeit gehabt, wenn man gewollt hätte.

All diese Gefühle haben ihre Berechtigung. Ich habe lange mit mir gehadert. Auch jetzt, Jahre später, tut es weh, nicht früher an dieses Bier gedacht zu haben, das ich noch mit meinem Freund trinken gehen wollte. Nicht mehr Zeit für ihn frei geräumt zu haben. Nicht öfter geschrieben zu haben. Aber die Vergangenheit lässt sich nicht mehr ändern. Was ich mitnehmen konnte, war, dass ich seine besten Eigenschaften einfach in mir weiterhin kultiviere. Denn er gehörte zu den hilfsbereitesten und nettesten Menschen, die ich je erlebt habe. Er hatte ein unfassbar gutes Herz. Er hat mich dazu inspiriert, ehrenamtlich tätig zu werden. In vielen meiner Tätigkeiten schwingt die Erinnerung an ihn mit.

Es gibt leider nicht den ultimativen Tipp, wie man mit dem Tod umgehen kann. Da muss jeder ganz individuell für sich eine Losung finden. Mir hat es geholfen, viel und offen darüber offen zu reden und meinen Freund durch meine Taten weiterleben zu lassen. Der Schmerz hinterlässt seine Spuren. Ob diese je ganz verschwinden, vermag ich nicht zu sagen.

WHAT SINAH SAYS

DER TOD fragt nicht nach, ob du bereit bist oder ob es fair ist. Seit Beginn der Pandemie vergeht kein Tag, an dem ich nicht an den Tod denke und mir über die Endlichkeit aller Dinge Gedanken mache. Im Jahr 2020 habe ich meine geliebte Urgroßmutter verloren, die ich aufgrund der Situation monatelang nicht besuchen konnte. Ihr Grab kann ich immer noch nicht besuchen, ohne weinen zu müssen und ich hoffe, sie weiß, wie lieb ich sie habe. Oft kommen Gedanken wie „Ich werde nie wieder mit ihr sprechen", und es fällt mir schwer, diese Tatsache zu begreifen. Vielleicht ist es aber auch gar nicht nötig, zu verstehen. Vielleicht wird der Schmerz, den ein verstorbener Mensch hinterlässt, auch niemals wirklich weniger. Vielleicht wächst man selbst um den Schmerz herum und dadurch mit ihm.

SCHLUSS MIT DEM DRAMA!

Es mag vielleicht ein bisschen seltsam anmuten, dass gerade wir das sagen, aber: Bitte such dir neben deiner Beziehung oder den Themen rund um Beziehung, Sex und Liebe auch noch andere „Hobbies". Ich habe das Gefühl, dass viele junge Frauen sich sehr intensiv, fast schon obsessiv, mit ihrer eigenen Beziehung beschäftigen - oder eben mit der Abwesenheit einer solchen. Der ständige Drang danach, „perfekt" sein zu wollen, die „perfekte" Beziehung zu suchen und das „perfekte" Leben zu führen, hat lediglich zur Folge, dass wir ständig einen Mangel empfinden und dabei das Wichtigste in unserem Leben verpassen: das Hier und Jetzt.

Dating, Sex und Drama sind nicht das Wichtigste im Leben.

Hat man keine*n Partner*in, lamentiert man darüber, wie schlimm das Singledasein manchmal ist. Hat man eine*n Partner*in, regt man sich über Gesagtes, Getanes oder nicht Gesagtes und nicht Getanes auf. Versteh mich nicht falsch: Ich finde es unglaublich wichtig, sich über Themen wie Beziehung und Sex auszutauschen. Allerdings sollte man sich fragen, ob es wirklich notwendig ist, jede noch so irrelevante Aussage und jedes kleine Hoppala in die Waagschale zu legen und breit zu diskutieren. Okay, dann wurde eben mal ein Geburtstag vergessen, ein Geschirrspüler nicht aufgeräumt oder eine Nacht durchgefeiert. Dann hat man eben mal keinen Sex, dann ist man eben mal gestresst und zickt sich häufiger an. All das bedeutet nicht automatisch, dass die andere Person keine Liebe empfindet, kein Interesse mehr an der Beziehung hat oder ein selbstsüchtiges Arschloch ist. Wir müssen ganz dringend

damit aufhören, alles so dermaßen zu überanalysieren und eine Antwort auf jeden Furz finden zu wollen, den unser*e Partner*in tut.

Im Laufe eines Lebens sollte man sich ein gewisses Maß an Resilienz zulegen und lernen, mit extremen Situationen umgehen zu können, ohne total zu verzweifeln und immer gleich alles (inklusive dir selbst) infrage zu stellen. Ein gewisses Maß an Anpassungsfähigkeit und Akzeptanz gegenüber Dingen, die du niemals kontrollieren kannst, können dabei helfen, über unwichtige Eigenheiten und nervige Angewohnheiten hinwegzusehen. Man muss nicht ständig durchdrehen, nachfragen, herumzicken und Erklärungen erwarten. Gerade die ständige Forderung, sich erklären zu müssen, kann Beziehungen ernsthaften Schaden zufügen. Auch das permanente Herumstochern und Herumwühlen in der Psyche und Vergangenheit des anderen macht eine Beziehung nicht gerade besser, eher im Gegenteil. Man muss es auch mal gut sein lassen. Und das rät dir eine Person, die selbst sehr (SEHR!) gerne nachfragt, wenn man eigentlich nicht mehr nachfragen sollte. Bin eben Skorpion, was soll ich machen?

Jede*r von uns hat Marotten und verrückte Momente. Jede*r von uns kann anstrengend, nervtötend, unmöglich, selbstsüchtig und arrogant sein. Jede*r von uns hat Stress im Alltag, Ängste, Sorgen, und all das wirkt sich auch auf unsere Beziehungen aus. Man kann sich aber jederzeit dazu entscheiden, nicht jeder Sache große Aufmerksamkeit zu schenken und lernen, die Dinge zu akzeptieren, die wir ganz einfach nicht ändern können. Und daran sollten wir auch arbeiten. Oder kennst du etwa Paare, die seit 25 Jahren verheiratet sind und sich ständig gegenseitig ausfragen, wer wo wann mit wem gewesen ist, als auf eine WhatsApp-Nachricht um 19:38 Uhr nicht innerhalb einer Stunde geantwortet wurde? Eben. Ein kleiner Beziehungs-Tipp am Rande: Lerne, über manches hinwegzusehen und nicht alles todernst zu nehmen – selbst wenn es dabei um deine eigenen Unzulänglichkeiten geht. Auch ich übe mich seit einiger Zeit in Gelassenheit und Resilienz. Oft schaffe ich es gut, meinen eigenen Seelenfrieden zu verteidigen. An manchen Tagen schaffe ich es weniger. Die wichtigste und vielleicht auch schwierigste Übung für mich persönlich ist: Es muss nicht immer alles ein Riesendrama sein.

Obwohl ich das Sinnbild der „crazy (ex-)girlfriend" als absolut toxisch empfinde, weil es Frauen und ihre Emotionen ins Lächerliche zieht, so kann man doch ein bisschen an der eigenen Contenance arbeiten. Es ist völlig überflüssig, dass du

IM LAUFE EINES LEBENS SOLLTE MAN SICH EIN GEWISSES MASS AN RESILIENZ ZULEGEN UND LERNEN, MIT EXTREMEN SITUATIONEN UMGEHEN ZU KÖNNEN, OHNE TOTAL ZU VERZWEIFELN UND IMMER GLEICH ALLES (INKLUSIVE DIR SELBST) INFRAGE ZU STELLEN.

nach einer Trennung völlig auszuckst und jede*n Freund*in deines/deiner Ex anrufst, um der ganzen Welt mitzuteilen, dass du im Recht warst und sowieso jemanden viel Besseres verdient hättest. Es muss auch nicht sein, dass du dreckige Wäsche in der Öffentlichkeit wäschst oder dich stundenlanger Schreiberei hingibst, selbst wenn von der anderen Seite schon längst nichts mehr kommt. Wie, glaubst du, sieht die Situation aus, wenn du nach einer Trennung deine Coolness bewahrst, statt mit Hass mit Gleichgültigkeit reagierst und deine Energie in deine eigene Zukunft investierst? Fakt ist: Selten fühlt man sich nach extremen Gefühlsentgleisungen besser oder gar erleichtert. Meistens kommt da einfach nur alles auf einmal raus, was sich lange Zeit aufgestaut hat. Das Problem dabei ist, dass man vielleicht Dinge sagt oder Emotionen zeigt, die in keinster Weise lösungs- oder zielorientiert sind. Oft rauben dir Emotionen und Gedanken jegliche Energie, wenn du dich zu sehr auf sie einlässt. Ein gewisses Maß an Rationalität schadet also nie. Ich bin selbst eine wahnsinnig emotionale Person und kann mich sehr schnell über viele Dinge aufregen (frag mal meine Familie!), aber selbst ich lerne immer mehr, diese naturgewaltigen Emotionsentladungen besser zu lenken, damit sie mir nicht noch mehr Energie rauben. Resilient zu werden hilft dir nicht nur in jeglicher Art von Beziehung dabei, einen kühlen Kopf zu bewahren, sondern auch im Job, im Familienleben und im Alltag.

FAKT IST: SELTEN FÜHLT MAN SICH NACH EXTREMEN GEFÜHLSENTGLEISUNGEN BESSER ODER GAR ERLEICHTERT. MEISTENS KOMMT DA EINFACH NUR ALLES AUF EINMAL RAUS, WAS SICH LANGE ZEIT AUFGESTAUT HAT.

Dasselbe gilt für stundenlanges Grübeln. Gedankenschleifen sind völlig unnötig und kosten Zeit und Nerven. Ich kenne diese Ohnmacht und weiß, wie lästig es ist, wenn man sich den ewig gleichen negativen Gedanken hingeben muss und einem die Realität entgleitet, weil man sich zu intensiv mit Eifersucht, den schrecklichen Zukunftsszenarien, Ängsten und Eventualitäten beschäftigt. Was mir hier sehr geholfen hat, ist der Gedankenstopp: Sobald ich mich dabei ertappt habe, wieder in die ewige Grübelei zu verfallen, nehme ich diese Gedanken bewusst wahr, erkläre ihnen, dass ich sie nicht brauche und sage mir laut und deutlich: „Stopp!" Ich streiche mir selbst über die Arme oder massiere den Punkt hinter meinen Ohren. Das fühlt sich vielleicht anfangs etwas komisch an, aber sich selbst zu ermahnen, mit dem Zerdenken von Aussagen und Situationen aufzuhören und sich mittels Berührungen wieder mehr zu spüren, kann mit der Zeit eine äußerst effektive Methode werden, um aus dem Gedankenkarussell auszubrechen und wieder in die Realität zurückzukehren. Gedanken sind so mächtig und die Art und Weise, wie wir über uns selbst, unsere Beziehung und unser Leben denken, beeinflusst eben diese maßgeblich.

WHAT LEONIE SAYS

HALLO, MEIN Name ist Drama, ich meine: Leonie!

Ich war einmal der Inbegriff einer Drama-Queen. Alles, was in meinem Liebesleben passierte, wurde in einer Freundinnen-WhatsApp-Gruppe sofort diskutiert. Mein Alltag bestand aus arbeiten gehen, feiern und Dates. Bis ich es irgendwann satt hatte, dass meine Gespräche sich nur mehr um Männer und darum, was auf der letzten Party geschah, drehten. Ich hatte das Gefühl, aus dieser Person herausgewachsen zu sein. Wie aus einem Lieblingsschuh, den man zwar jahrelang geliebt hat, der aber plötzlich nicht mehr passt.

Also fing ich an, mir wieder Hobbies zu suchen – und zwar außerhalb von Techno-Hallen und Bars. Das Drama-Potenzial nach einer Yoga-Stunde ist definitiv überschaubar. Und plötzlich war etwas ganz

anderes auch da: Zufriedenheit. Wenn man nur über die negativen Dinge, die passiert sind oder passieren werden, redet, lenkt man seine Energie automatisch auch darauf.

„Change your mind and your life will follow" – klingt ein bisschen plakativ, ist aber so. Denn „Drama" und „crazy sein" sind keine Charaktereigenschaften. Ich bin nach wie vor temperamentvoll, aber ich vergeude meine Emotionen nicht mehr. Und den Hang dazu, nur allzu gerne über Sex, Liebe und Dating zu sprechen, habe ich immer noch, sonst hätte ich Sinah wohl nie gefragt, ob sie mit mir den Podcast „Couchgeflüster" machen würde.

SELBSTZWEIFEL

Ich weiß aus eigener Erfahrung, wie schwer erträglich Einsamkeit sein kann und wie hässlich trübe Gedanken und Selbstzweifel sind. Wie oft habe ich mich selbst fertig gemacht, weil ich keine Beziehung hatte? Wie oft habe ich mir selbst eingeredet, nicht liebenswert zu sein? Wie oft habe ich mich hässlich gefühlt, wenn ich die 1,80 Meter großen Supermodels in Modemagazinen bestaunte, und mir gedacht: „So muss man also aussehen, wenn man von einem Mann geliebt werden will"? Wenn ich darüber nachdenke, wie viel Zeit ich damit vergeudet habe, mich den Warums und Wiesos hinzugeben… Zeit und Energie, die ich so viel besser hätte nutzen können! Es ist ganz einfach weder nötig noch gewinnbringend, sich ständig mit negativen Gedanken zu beschäftigen und den Fokus stets auf jenes Detail im eigenen Leben zu richten, das zu fehlen scheint. Es bringt dich nicht weiter. Und es macht dich auf keinen Fall glücklicher. Auch wird dich ein*e Partner*in niemals ergänzen, noch wird sie dir dabei helfen können, deinen Schmerz und deine Selbstzweifel zu überwinden. Du musst dich also selbst dazu entscheiden, diesen Schmerz loszulassen, um den Weg für deine eigene Zukunft zu ebnen. Ja, Selbstakzeptanz ist ein ganzes Stück Arbeit.

Einzig und allein die Art und Weise, wie du der Welt begegnest, hat Einfluss auf deine romantische wie berufliche Zukunft. Die Art, wie du stehst, wie du Menschen in die Augen blickst, wenn du mit ihnen sprichst, der Tonfall deiner Stimme – all diese Dinge können nicht nur bei Dates entscheidend sein, sondern auch in Bewerbungsgesprächen. Ausgeglichenheit, pointierte Gesprächspausen, ein charmantes Lächeln und ein selbstbewusster Blick können dich viel weiterbringen als Verbissenheit und Zynismus. Charme beginnt dort, wo Selbstzweifel enden – und du darfst sie enden lassen. Lass diese Gedanken ein für alle Mal los. Du bist genug, so, wie du bist. Charme ist entwaffnender als jedes Argument, weil er Unzulänglichkeiten nicht zu vertuschen versucht, sondern mit ihnen kokettiert. Statt während eines Dates beschämt zu erwähnen, dass du seit sieben Jahren Single bist, könntest du diese Tatsache also auch in einem entwaffnenden Scherz verpacken: „Du warst in sieben Jahren eben der Einzige, der das Superlike wert war" wird dich definitiv weiterbringen, als sofort von deiner desaströsen Ex-Beziehung anzufangen, die dir das Herz gebrochen hat.

Unsere bisherigen Lebenserfahrungen machen uns nicht minderwertig oder weniger liebenswert. Die Kämpfe, die wir mit und vor allem gegen uns selbst ausgefochten haben, dürfen zu einem Ende kommen. Wir dürfen uns jederzeit dazu entschließen, das Kriegsbeil gegen uns und unsere Körper zu begraben und Selbstakzeptanz zu praktizieren, auch wenn wir keine 1,80 Meter groß, superdünn und bildhübsch sind. Auch wenn wir mit über 30 noch Single sind, geschieden, Alleinerzieher*innen oder das Bett seit Jahren mit derselben Person teilen, ohne ausschweifende sexuelle Erfahrungen mit anderen Menschen gemacht zu haben.

UNSERE BISHERIGEN LEBENS-ERFAHRUNGEN MACHEN UNS NICHT MINDERWERTIG ODER WENIGER LIEBENSWERT. DIE KÄMPFE, DIE WIR MIT UND VOR ALLEM GEGEN UNS SELBST AUSGEFOCHTEN HABEN, DÜRFEN ZU EINEM ENDE KOMMEN.

Schönheit in Lebenserfahrung, einem geistreichen Blick, in einem wissenden Lächeln und Selbstbestimmtheit zu finden, birgt ein unglaubliches erotisches Potential. Zu wissen, wer man ist und diese Person zu akzeptieren, macht dein Leben so viel leichter und verträglicher. Ebenso wichtig: das Wort „Nein" voller Selbstbewusstsein und Überzeugung zu nutzen. „Nein" zu übergriffigen Arbeitskolleg*innen. „Nein" zu Beziehungen, die wir nicht eingehen wollen. „Nein" zu unrealistischen Schönheitsidealen, denen wir nicht entsprechen wollen und „Nein" zu Freundschaften, die uns nicht guttun. Grenzen aufzuzeigen macht uns

nicht schwach, zu uns selbst zu stehen macht uns nicht zu unangeneh-men Zeitgenoss*innen. Sondern zu überzeugten Kämpfer*innen für unser eigenes Leben und unsere Prinzipien. Wir müssen weder perfekt aussehen, noch müssen wir perfekte Liebhaber*innen, Eltern oder Arbeitskolleg*innen sein. Es reicht völlig, wenn wir uns selbst genug sind. Der erste Schritt ist, „Ja!" zu uns selbst zu sagen. Mit diesem ersten Schritt müssen wir beginnen. Der Rest, und das verspreche ich dir, ergibt sich von ganz allein.

WHAT LEONIE SAYS

ICH WILL ehrlich sein, ich liebe mich selbst nicht. Für mich ist es schwer, mich zu lieben. Aber ich bin jeden Tag dazu bereit, es zu lernen. Man könnte sagen, ich habe gelernt, mich zu akzeptieren. Das muss reichen. Vorerst.

Liebe ist in meinen Augen ein Wort, das viel zu oft benutzt wird. Dieser ganze Stress, der dadurch überall erzeugt wird: Liebe dich selbst, dann wirst du geliebt! Diese Aussage ist in meinen Augen toxisch. Was nicht heißt, dass man es nicht probieren sollte. Aber mal langsam: Du kannst dich lieben und dennoch wirst du nicht sofort deine*n Traumpartner*in finden, und du kannst dich ganz schrecklich finden und dennoch eine Beziehung führen.

Ich finde, die Erwartungen, die man an sich selbst hat, müssen einen nicht noch mehr belasten oder stressen, als sie es wahrscheinlich eh schon tun. Menschen, die eh schon unter Selbstzweifeln leiden, sollten sich nicht auch noch fragen müssen: Liebe ich mich wirklich? Akzeptiere ich mich wirklich? Das Gedankenkarussell dreht sich dann endlos weiter. Also: Scheiß drauf. Sorry für diese saloppe Ansage.

Ich glaube zum Beispiel aber auch, dass meine Selbstzweifel – und die habe ich in Hülle und Fülle – dazu geführt haben, dass ich so erfolgreich geworden bin. Denn ich habe stets nach Anerkennung gesucht. Doch irgendwann fiel mir auf: Ok, objektiv betrachtet hab ich alles, was es braucht, um glücklich zu sein. Überraschung: Ich war's nicht. Also fing ich an, mich mit dem Thema „Liebe dich selbst" zu beschäftigen, las alles Mögliche darüber, ging in Therapie und besuchte Workshops. Um ehrlich zu sein, es war stressig. Irgendwann wurde mir klar, dass mir Therapie und Yoga guttun, weil ich mich dabei spüren kann. Passt, die dürfen bleiben. Selbstliebe-Gurus hingegen tun mir nicht gut, die nähren meine Selbstzweifel. Also verabschiedete ich diese aus meinem Leben.

Und da bin ich nun. Zwar zweifelnd, wie sehr ich mich wirklich liebe, aber ziemlich entschlossen, dieses Leben zum schönsten Leben zu gestalten, das mir möglich ist.

Also leg das Buch weg und überlege dir, was du für dich tun kannst, damit dein Leben so schön wird, wie du es haben willst – und mach das. Ich wünsche dir das Beste <3

NACHWORT

Mein Leben hat sich nicht komplett geändert, seit ich Sinah gefragt habe, ob wir den Podcast machen wollen – aber kontinuierlich. Mein Horizont wurde größer und definitiv schöner durch diese wunderbare Seele. Und so ist es wohl auch mit dem Erwachsenwerden. Es gibt nicht den einen Moment in deinem Leben, an dem du festmachen kannst, dass sich etwas Grundlegendes bewegt hat; es sind die kleinen Dazwischens, die einem oft erst im Nachhinein richtig bewusst werden.

Rückblickend würde ich sagen: Alles richtig gemacht, denn ohne all das wäre ich nicht da, wo ich bin. Natürlich war ich oft am Straucheln. Habe vieles verflucht und gehasst. Und das ist in Ordnung. Wenn du dieses Buch gekauft hast, um perfekte Lösungen zu finden, so muss ich sagen: Die haben wir nicht auf Lager. Wir haben gelebt, und vieles von dem, was wir erfahren und durchgemacht haben, teilen wir heute mit dir. Die Wahrscheinlichkeit ist hoch, dass du es besser machst. Aber wir freuen uns, dass du einen Teil unseres Schaffensprozesses in Händen hältst. Du bist nun Teil unseres Lebens, auf eine seltsame Art und Weise. So wie wir vielleicht jeden Sonntagmorgen durch die Lautsprecher zu dir sprechen und dadurch ein Teil deines Lebens sind. Wahrscheinlich kennen wir uns nicht persönlich. Aber ohne es zu wissen, sind wir miteinander verbunden – und das Schöne ist: Wir können voneinander lernen. Und bevor es dir zu viel wird, weil ich hier die große Kitsch-Keule schwinge, lass dir gesagt sein: Ich bin mega sentimental bei diesen Zeilen.

Denn ein Lebenstraum erfüllt sich gerade. Ich tippe die letzten Zeilen eines Buches, von dem ich geträumt habe, aber lange nicht gewagt habe, daran zu glauben.

Ich bin so unendlich dankbar für alle Schritte, die ich durchlebt habe, die mich hierhergebracht haben und zu meiner unglaublichen Freundin Sinah, mit der ich dieses Buch schreiben durfte. Danke an den Verlag Kremayr & Scheriau für die Möglichkeit, ein paar unserer Gedanken zu Papier zu bringen… vor allem danke an Steffi, die uns mit Rat und Tat zur Seite stand. Ab jetzt würde die Liste endlos lang und kitschig werden, das wollen wir nicht. Aber danke dir. Danke dir dafür, dass du unseren Podcast „Couchgeflüster" hörst und uns in dein Leben gelassen hast. Danke, dass du da bist. Wir hören uns. Bussi Baba.

Mein Leben war vieles, vor allem wild. Was meine *Mama* wahrscheinlich oft in die Verzweiflung trieb. Deswegen gilt mein Dank vor allem ihr. Sie war immer für mich da und hat mich zu der Frau gemacht, die ich heute bin.

Ich möchte allen Menschen danken, die mich auf meinem Weg begleitet haben, und sei es noch so kurz gewesen. Jede dieser Begegnungen hat mich ein Stück weit geformt. Sei es durch Lachen oder Weinen. Ich bin unendlich dankbar für jede dieser Erfahrungen, sonst wäre dieses Buch wohl nur ein Kurztext geworden.

Danke an *Gerlinde* und *Chiara*. Ihr zwei habt mein letztes Jahr echt besonders gemacht und sorry für jeden Nervenzusammenbruch wegen des Buchs, der Pandemie und des scheiß Liebeskummers.

DANKE

In jenen Monaten, in denen dieses Buch entstanden ist, zehrte ich viel von der Geduld, dem Verständnis und den Ratschlägen meiner Familie. Ich bin so froh, Menschen in meinem Leben zu haben, die mich unterstützen, mich trotz (oder gerade wegen) meiner Eigenheiten lieben und mit mir gemeinsam viele verschiedene Wege gegangen sind. Danke an meine Mama *Petra,* die nicht nur die beste Mutter ist, die man sich wünschen kann, sondern außerdem meine größte Inspiration. Danke an meinen Papa *Christian,* der mich zu einer selbstbewussten und willensstarken Frau gemacht hat. Danke an meine kleine Schwester *Emilia,* die, gemessen an ihrem zarten Alter, immer die besten Ratschläge parat hat. Danke an meine beste Freundin *Verena,* dafür, dass sie mich seit unserem 16. Lebensjahr dazu inspiriert, meinen eigenen Weg zu gehen. Und danke an den wundervollsten Mann der Welt, *Andi,* der mir jeden Tag sagt, wie stolz er auf mich ist und es immer wieder schafft, mein Herz aufs Neue zu erobern.

SCHÖN

ANHANG

1   *S. 14* vgl. Helen E. Fisher, Lucy L. Brown, Arthur Aron, Greg Strong, Debra Mashek: Reward, addiction, and emotion regulation systems associated with rejection in love:
https://pubmcd.ncbi.nlm.nih.gov/20445032
zuletzt abgerufen am 20. Januar 2022

2   *S. 14* Ebenda.

3   *S. 14* Sinah Edhofer: „Liebe hat mit Verliebtheit nichts zu tun",
News Magazin Online: https://www.news.at/a/liebe-verliebtheit,
20. Februar 2020, zuletzt abgerufen am 20. Januar 2022

4   *S. 33* „What is Erotic Intelligence? Mindvalley Talks" von Esther Perel.
https://www.youtube.com/watch?v=tO0xgj3kEuI,
zuletzt abgerufen am 20. Januar 2022

5   *S. 35* Ebenda.

6   *S. 56* Clance, Pauline Rose; Imes, Suzanne Ament:
The Impostor Phenomenon In High Achieving Women: Dynamics And Their Therapeutic Intervention.
http://mpowir.org/wp-content/uploads/2010/02/Download-IP-in-High-Achieving-Women.pdf
zuletzt abgerufen am 20. Januar 2022

7   *S. 76* https://journals.plos.org/plosone/article?id=10.1371/journal.pone.0243733
zuletzt abgerufen am 20. Januar 2022

8   *S. 77* engl. für bedürftig

9   *S. 90* vgl. https://www.aoef.at/index.php/zahlen-und-daten
Stand: September 2021, zuletzt abgerufen am 20. Januar 2022

10 *S. 130* „What is Erotic Intelligence? Mindvalley Talks" von Esther Perel.
https://www.youtube.com/watch?v=tO0xgj3kEuI,
zuletzt abgerufen am 20. Januar 2022

11 *S. 147* Gender Statistik, Statistik Austria, Stand: Juli 2021.
Online: https://www.statistik.at/web_de/statistiken/menschen_und_gesellschaft/soziales/gender-statistik/armutsgefaehrdung/index.html
zuletzt abgerufen am 20. Januar 2022

Bildverzeichnis

Aelia & the Camera: S: 21 links oben; S. 161

Couchgeflüster: S. 6 oben links, oben rechts, unten rechts; S. 21 (außer links oben); S. 47; S. 49; S. 73; S. 83; S. 84; S. 123; S. 203 alle (außer Mitte)

Leonie-Rachel Soyel (privat): S. 25; S. 67; S. 87; S. 105; S. 107; S. 111 oben links und rechts; S. 139;

Marko Mestrovic: S. 6 unten links, S. 31; S. 51; S. 99; S. 147;

Monami: S. 6 Mitte; S. 113; S. 193; S. 203 Mitte

Stefanie Jaksch (privat): S. 10, S. 39, S. 58; S. 122; S. 125; S. 166; S. 169;

Sinah Edhofer (privat): S. 6 unten Mitte; S. 15; S. 61; S. 62; S. 76; S. 93; S. 103/103; S. 111 oben Mitte, Mitte, unten; S. 135; S. 143; S. 154; S. 159; S. 177; S. 182-186; S. 189

Tessa Viktoria Kutsam: S. 151; S. 173; S. 181; S. 193

www.kremayr-scheriau.at

ISBN 978-3-218-01293-5

Schutzumschlaggestaltung, typografische Gestaltung und Satz: Christine Fischer
Cover- und Kernillustrationen: Blagovesta Bakardjieva
Lektorat: Stefanie Jaksch
Druck und Bindung: Druckerei Florjancić, Maribor